TOURISM

U0854394

京师职教
JingShi Vocational Education

高等职业教育
旅游大类系列教材

丛书总主编：魏庆华 王克勇 姜海涛

JINGQU DIAN
DAOYOU SHIWU

景区（点）导游实务

主　编：刘春玲　刘伟东　姜海涛
副主编：郭　慧　殷向飞　周　威
参　编：伊丽娜　付长玉　赵　欣　牡　兰

北京师范大学出版集团
BEIJING NORMAL UNIVERSITY PUBLISHING GROUP
北京师范大学出版社

图书在版编目(CIP)数据

景区(点)导游实务/刘春玲，刘伟东，姜海涛主编．—北京：北京师范大学出版社，2021.3
高等职业教育旅游大类系列教材
ISBN 978-7-303-26394-3

Ⅰ.①景… Ⅱ.①刘… ②刘… ③姜… Ⅲ.①导游—高等职业教育—教材 Ⅳ.①F590.633

中国版本图书馆CIP数据核字(2020)第203389号

营销中心电话 010-58802755 58800035
北师大出版社职业教育分社网 http://zjfs.bnup.com
电子信箱 zhijiao@bnupg.com

出版发行：北京师范大学出版社 www.bnup.com
北京市西城区新街口外大街12-3号
邮政编码：100088
印 刷：北京溢漾印刷有限公司
经 销：全国新华书店
开 本：889 mm×1194 mm 1/16
印 张：11
字 数：220千字
版 次：2021年3月第1版
印 次：2021年3月第1次印刷
定 价：35.00元

策划编辑：易 新 责任编辑：陈 倩
美术编辑：焦 丽 装帧设计：焦 丽
责任校对：康 悦 责任印制：陈 涛

前　言

在“一带一路”和“中国制造2025”的时代大背景下，旅游业已全面融入国家战略体系，走向国民经济建设前沿，成为国家经济发展的战略性支柱产业，被称为“朝阳产业”“幸福产业”。随着旅游产业的蓬勃发展，旅游人才的短缺也逐渐成为制约旅游业发展的瓶颈。

旅游景区(点)是我国旅游业的重要支柱，也是目前我国旅游业高质量发展的重要抓手。旅游景区(点)的高质量发展，离不开人才的支撑，尤其是大批高素质技能型的导游服务人才。

导游服务是旅游产品经营活动中举足轻重的环节，直接关系到旅游服务的质量，体现着旅游业的整体接待水平。当今旅游业的发展急需大批具有较高职业素养、职业技能和创新精神的导游人才，这也是旅游职业教育亟待解决的问题。

为适应旅游产业的发展需求，编写组针对旅游专业(如导游、讲解员等岗位)的人才培养要求编写了本教材，旨在促进旅游职业教育链与旅游产业链的紧密对接，促进旅游职业教育领域内现代学徒制的实施和“1＋x”证书制度的改革。

编写组按照岗位工作任务的要求，采用“项目引导、任务驱动”的教学模式进行教学内容的设计与编排，这充分体现了以工作任务为主线的教学理念，适应旅游职业教育发展的需要。

本教材具有较强的实用性和适用性。理论部分简单易懂、深入浅出，实践部分操作性强、规范实用，充分体现了“知行合一、工学结合”的理念，既适用于旅游职业院校学生学习，又适用于企业员工培训，还适用于社会学习者自学。

编写组紧密对接景区(点)导游服务岗位的知识、素质和能力要求，按照理论知识为引导和技能实训为目的的原则，组织和构建教材框架和教材内容，在技能实训部分明确列出实训任务、实训目标、实训学时、实训地点、实训条件、实训流程与标准、实训考核建议的内容。理论知识部分包含基本理论、知识拓展、实例分析、知识链接、学与思等内容。编写组还在每一项任务的末尾设置了自我学习板块，旨在让学生及时巩固所学内容。具体来说，本教材共分为两个模块，4个项目，15个工作任务，如下表所示。

模块	项目	任务
模块一 职业素养	项目一　行业与职业认知	任务1　景区(点)认知
		任务2　景区(点)导游服务岗位认知
	项目二　职业素养养成	任务3　景区(点)导游职业道德养成
		任务4　景区(点)导游职业心理素质养成
		任务5　景区(点)导游职业礼仪与形象设计

续表

模块	项目	任务
模块二 职业技能	项目三　职业基本能力训练	任务 6　景区(点)导游词创编
		任务 7　景区(点)导游语言表达
		任务 8　景区(点)游客投诉处理
		任务 9　景区(点)突发事件应急处置
	项目四　导游服务能力训练	任务 10　景区游览路线设计服务
		任务 11　致欢迎词和致欢送词服务
		任务 12　概况讲解服务
		任务 13　沿途讲解服务
		任务 14　不同类型景区(点)的讲解服务
		任务 15　景区(点)导购服务

编写组发挥各位成员的专长，分工明确，校企合作紧密。呼和浩特职业学院刘春玲负责全书的架构设计、编写分工、统稿校对等工作。内蒙古农业大学职业技术学院姜海涛负责总编审。鄂尔多斯正圣旅游有限责任公司刘伟东作为校企合作负责人对全书的编写提出修改意见。内蒙古自治区职业院校旅游管理专业教师参与教材编写工作。其中，鄂尔多斯职业学院付长玉负责任务 1 和任务 2 的编写；包头职业技术学院郭慧负责任务 3、任务 4 和任务 5 的编写；阿拉善职业技术学院伊丽娜负责任务 8 和任务 10 的编写；呼和浩特职业学院刘春玲负责任务 6 和任务 13 的编写；鄂尔多斯正圣旅游有限责任公司刘伟东负责任务 11 和任务 12 的编写；呼和浩特职业学院周威负责任务 7 的编写；鄂尔多斯应用技术学院赵欣负责任务 9 的编写；呼和浩特职业学院殷向飞负责任务 14 的编写；兴安职业技术学院牡兰负责任务 15 的编写。此外，刘春玲还负责编写教材中的二维码内容。

在教材的编写过程中，编写组成员参考了国内外学者的研究成果以及互联网上的部分资料或素材。教材的编写还得到部分旅游景区(点)的支持和帮助，同时还受到兄弟院校旅游管理专业教师的关心与支持。在此一并表示衷心的感谢。

由于时间仓促，水平有限，书中难免有不妥之处，敬请各位同行、读者批评指正。

编　　者

目　录

模块一　职业素养

模块二　职业技能

模块一　职业素养

【模块描述】

针对旅游景区(点)导游的职业素养要求，按照工作中所需要的旅游景区(点)知识、技能和素养设计了两个项目，即项目一“行业与职业认知”和项目二“职业素养养成”。

项目一　行业与职业认知

【项目描述】

加深对旅游行业的认识以及对旅游景区(点)导游工作岗位的了解，具备辨识旅游景区(点)的概念及类型的能力，掌握旅游景区(点)导游的服务内容和服务流程。

>>任务1　景区(点)认知<<

【任务描述】

学习旅游景区(点)的概念、类型等相关理论，加深对旅游行业的认识。

【技能实训】

实训任务	撰写一份当地旅游景区(点)调研报告
实训目标	1. 知识目标：能复述旅游景区(点)的概念；能归纳旅游景区(点)的类型 2. 技能目标：学会对旅游景区(点)进行分类 3. 素质目标：具备团队合作能力、资料筛查能力、总结与汇报能力
实训学时	建议4学时
实训地点	教室、导游实训室或景区(点)
实训条件	1. 校内实训室：学生用电脑、多媒体设备等 2. 校外实习基地：2～3家旅游景区(点)
实训流程与标准	1. 学生分为5个小组，分别搜集当地5A、4A、3A级旅游景区(点)的情况 2. 查阅资料并到旅游景区(点)进行调研 3. 将旅游景区(点)相关资料制作成图文并茂的PPT并进行汇报 4. 教师、学生对汇报内容进行考核、评价 5. 学习小组修改稿件，提交最后成果
实训考核建议	1. 考核内容：态度＋纪律＋汇报＋成果 2. 考核方式：课堂PPT汇报＋解说的知识性 3. 考核主体：教师、学生、企业兼职教师

【理论知识】

一、旅游景区(点)的概念

旅游景区(点)是旅游活动的核心和空间载体，是旅游体系构成中最重要的部分，也是激励游客出游的最主要原因。迄今为止，国内外学术界对旅游景区(点)的概念还存有争议，主要表现为在旅游吸引物、旅游目的地、旅游区、景点、风景名胜区及旅游度假区等概念上存在争议。

目前，国内关于旅游景区(点)比较权威的概念是由国家质量监督检验检疫总局发布的《旅游景区质量等级的划分与评定》中的定义："旅游景区是以旅游及其相关活动为主要功能或主要功能之一的空间或地域。本标准中旅游景区是指具有参观游览、休闲度假、康乐健身等功能，具备相应旅游服务设施并提供相应旅游服务的独立管理区。该管理区应有统一的经营管理机构和明确的地域范围。包括风景区、文博院馆、寺庙观堂、旅游度假区、自然保护区、主题公园、森林公园、地质公园、游乐园、动物园、植物园及工业、农业、经贸、科教、军事、体育、文化艺术等各类旅游景区。"

二、旅游景区(点)的类型

(一)按照旅游景区(点)的吸引力大小划分

第一级：世界级景区(点)，其旅游资源的吸引力是世界范围的，包括我国境内的世界遗产和联合国生物圈与自然保护区，如北京的故宫、山东的泰山。

第二级：国家级景区(点)，其旅游资源的吸引力比世界级低，包括我国的国家级风景名胜区、国家级森林公园等。

第三级：省级景区(点)，其旅游资源的吸引力比国家级低，包括我国的省级风景名胜区、省级森林公园等。

第四级：县市级景区(点)，其旅游资源的吸引力比省级低，包括我国的县市级风景名胜区、县市级森林公园等。

(二)按照旅游景区(点)的质量等级划分

我国的旅游景区(点)管理实行的是五星体系，思路来源于酒店的分级管理方式。《旅游景区质量等级的划分与评定》中根据旅游景区(点)的质量将其划分为五级，从高到低依次为AAAAA、AAAA、AAA、AA、A级旅游景区(点)，具体质量等级评价标准见表1.1。

表 1.1　旅游景区(点)质量等级评价标准表

质量综合评定总分	质量等级
950	AAAAA(5A)级旅游景区(点)
850	AAAA(4A)级旅游景区(点)
750	AAA(3A)级旅游景区(点)
600	AA(2A)级旅游景区(点)
500	A(1A)级旅游景区(点)

(三)按照旅游景区(点)的资源性质划分

旅游景区(点)按照资源性质可分为自然景区(点)、人文景区(点)和人工型景区(点)。自然景区(点)包括以山川、湖泊、海滨、森林等为主的自然风景区(点)、自然保护区和森林公园等，如乐山、九寨沟、三江并流、可可西里等；人文景区(点)包括以历史古迹、宗教名胜、革命历史纪念地等为主的景区(点)，如长城、成吉思汗陵、敦煌莫高窟、平遥古城等；人工型景区(点)主要是指博物馆和主题公园等，如迪斯尼乐园、锦绣中华、世界之窗等。

《国家级文化生态保护区管理办法》

(四)按照旅游景区(点)的资源功能特征划分

旅游景区(点)按照资源功能特征可分为观光体验型景区(点)、度假休闲型景区(点)和科考探险型景区(点)。观光体验型景区(点)是指以观光游览为主要内容且具有较高审美价值的旅游景区(点)，如九寨沟、黄山；度假休闲型景区(点)拥有高等级的环境质量和服务设施，为游客提供康体疗养、运动健身、娱乐休闲等服务，如北戴河、长白山温泉；科考探险型景区(点)是指可以进行科学考察、探险、猎奇或从事体育运动的景区(点)，如地质公园、溶洞。

《国家级旅游度假区管理办法》

(五)按照旅游景区(点)的占地面积划分

旅游景区(点)按照占地面积可分为四类，即小型风景名胜区、中型风景名胜区、大型风景名胜区和特大型风景名胜区，具体如表 1.2 所示。

表 1.2　按照占地面积划分景区(点)

占地规模/km^2	分类结果
≤20	小型风景名胜区
21～100	中型风景名胜区
101～500	大型风景名胜区
>500	特大型风景名胜区

《旅游景区服务指南》

【自我学习】

一、填空题

1. 旅游景区(点)按照旅游资源的吸引力大小可分为(　　)、(　　)、(　　)和县市级景区(点)。

2. 旅游景区(点)按照资源性质可分为自然景区(点)、(　　)和(　　)。

3. 大型风景名胜区的占地面积应为(　　)km^2。

二、判断题

1. 关于旅游景区(点)国内外学术界有统一的概念。(　　)

2. 旅游景区(点)应具备相应旅游服务设施并提供相应旅游服务。(　　)

3. 我国的旅游景区(点)管理实行的是五星体系,最高质量等级为5A级。(　　)

任务1答案

>> 任务2　景区(点)导游服务岗位认知 <<

【任务描述】

对旅游景区(点)导游服务岗位进行认识与体验,掌握旅游景区(点)导游服务工作流程,形成基本的岗位认知。

【技能实训】

实训任务	景区(点)导游服务工作流程模拟演示
实训目标	1. 知识目标:能复述景区(点)导游服务工作流程;能熟记各个流程的基本要求 2. 技能目标:形成基本的岗位认知 3. 素质目标:养成职业意识和习惯
实训学时	建议4学时
实训地点	教室、导游实训室或景区(点)
实训条件	1. 校内实训室:学生用电脑、多媒体设备等 2. 校外实习基地:2～3家旅游景区(点)
实训流程与标准	1. 学生分为若干小组 2. 到旅游景区(点)实地参观和考察,了解景区(点)导游的岗位职责,观摩景区(点)导游的服务工作,听取景区(点)负责人关于景区(点)导游的素质要求、工作内容、工作流程等的讲解 3. 绘制导游服务工作流程图,并进行导游服务模拟演示训练 4. 在导游实训室或课堂上用PPT进行汇报,并进行模拟演示
实训考核建议	1. 考核内容:态度+纪律+汇报+互动 2. 考核方式:课堂PPT汇报+向景区(点)导游进行现场咨询 3. 考核主体:教师、学生、企业兼职教师

【理论知识】

旅游景区(点)的参观和游览是旅行活动中的重要环节。景区(点)导游的服务水平是衡量旅游服务质量的重要标杆,直接关系到游客对整个旅程的评价和对景区

(点)的认知。为了进一步提高景区(点)导游的从业素质和讲解质量，国家旅游局于2011年制定了《旅游景区讲解服务规范》(LB/T 014—2011)，进一步明确了景区(点)导游服务行业标准。

景区(点)导游又叫景区(点)讲解员，是指受旅游景区(点)委派或安排，为旅游团或游客提供讲解服务的专职人员和兼职人员。其中旅游景区(点)包括风景区(点)、文博院馆、寺庙观堂、旅游度假区、自然保护区、主题公园、森林公园、地质公园、游乐园、动物园、植物园，以及以工业、农业、经贸、科教、军事、体育、文化艺术等旅游为吸引内容的各类营业性和非营业性旅游活动区。要成为一名优秀的景区(点)导游，不仅要对本景区(点)甚至本地区有全面的了解，而且对相似景区(点)也要做到心中有数，在具备相关知识的同时更要把控好细节。景区(点)导游服务工作流程，根据《旅游景区讲解服务规范》的要求，主要分为游览前的准备工作、游览中的导游服务和游览结束后的善后工作三个环节。

《旅游景区讲解服务规范》(部分)

一、游览前的准备工作

(一)知识准备

景区(点)导游的工作相对固定在一个景区或景区中的几个景点，这就要求导游人员在全面掌握本景区(点)情况的前提下不断增加自己的知识储备，对游客感兴趣的点更要有足够的知识储备。因此，导游人员要不断地学习、积累并总结、提炼。景区(点)导游的知识储备主要包括以下几个方面。

1. 了解景区(点)

导游人员要熟悉并掌握讲解本景区(点)所需要的知识。基于景区(点)的差异，导游人员所需掌握的知识可分为自然科学知识，历史和文化遗产知识，建筑和园林艺术知识，宗教知识，文学、美术、音乐、戏曲、舞蹈知识等。必要时导游人员还需了解有关国内外相似景区(点)的知识，并具备与其做对比的能力。因此，平时要多搜集与本景区(点)相关的资料，并加强相关知识的学习。

2. 了解自己

在平时的准备和讲解过程中，导游人员要及时发现自己的短板，并加强这方面知识的学习和储备。

3. 了解游客

第一，基于游客对讲解时间长度、认知深度的不同要求，导游人员应对讲解内容做好两种或两种以上讲解方案的准备，以适应旅游团队或个体的不同需要。

第二，提前了解游客所在地区或国家的宗教信仰、风俗习惯以及游客的相关忌讳，以便能够礼貌待客。

(二)业务准备

景区(点)导游服务具有即时性的特点。导游人员在非常仓促的情况下提供导游服务的情况很多。如果接待对象为旅行团，导游人员应利用有限的时间与地陪或领队沟通交流，了解团队游客的基本情况。如果是散客，导游人员应尽快与游客接触，通过简单的交谈和观察，了解游客的基本情况。具体内容如下。

第一，对于有准备的接待，在接待前导游人员要认真查阅、核实所接待团队或散客的接待计划及相关资料，熟悉该群体或个体的总体情况，如停留时间、旅游安排、有无特殊要求等，以便自己的讲解更具有针对性。

第二，对于临时接待的团队或散客，导游人员同样也应注意了解游客的有关情况，如游客的来源、职业、文化程度以及停留时间、游程安排、有无特殊要求等，以便使自己的讲解更能符合游客的需要。

(三)语言准备

景区(点)导游的讲解应以普通话为主，根据游客的认识度做好相关专业术语的解释。对于少数民族地区的景区(点)，导游人员应根据游客的实际情况提供少数民族语言和普通话的双语讲解服务。对于外籍游客，导游人员应提供相应语言的讲解服务。

(四)形象准备

形象准备主要体现在仪容、仪表和言谈举止上。导游人员的形象和气质会给游客留下深刻的印象，在一定程度上还会左右游客对导游人员的主观态度。良好的形象和气质甚至能弥补讲解上存在的不足。因此，景区(点)导游应遵守以下几点要求。

第一，着装整洁、得体，便于进行服务工作。在有着装要求的景区(点)，导游人员也可以根据景区(点)的要求穿着符合本地区、本民族特色和导游人员身份的服装。

第二，饰物佩戴及发型以景区(点)的要求为准。女导游一般应化淡妆。

第三，言谈举止应文明稳重，自然而不做作。

第四，在讲解活动中可适度使用肢体语言，但要力避无关的小动作。

第五，接待游客时要热情诚恳，并符合礼仪规范。在工作过程中，始终做到情绪饱满，不抽烟、不进食。

第六，注意个人卫生，包括衣物、头发、口腔、鼻腔及指甲等。

(五)物质准备

景区(点)导游在上岗前的物质准备主要包括以下几个方面。

第一，佩戴好本景区(点)的胸卡。

第二，准备好讲解时要用到的工具或器材。

第三，准备好需要发放的相关资料：景区(点)导游图、景区(点)宣传册等。

第四，准备好接待团队时所需要的票证。

（六）应急预案准备

由于景区（点）游览存在着天气、交通等诸多不可测因素，因此景区（点）导游应该在带团前对游览中可能发生的各种意外做出处理预案，备好有关联系电话，这样当意外发生时才能从容应对、妥善处理。

二、游览中的导游服务

导游工作的核心和灵魂是提供讲解服务。导游人员应该按照景区（点）讲解服务要求，在游览过程中为游客提供高质量的导游服务。导游服务主要包括以下几点。

（一）致欢迎词

游客们大都关注第一印象。导游人员致欢迎词时是给游客留下良好第一印象的好时机。导游人员一般选择在景区（点）门口第一次与游客见面时致欢迎词。欢迎词的内容应根据游客的国籍、年龄、职业等有所区别，切忌千篇一律。致欢迎词的总要求是态度热情友好，语言简洁明了。欢迎词的内容具体包括以下几个方面。

第一，代表本景区（点）对游客表示欢迎。

第二，介绍本人姓名及所属单位。

第三，表达景区（点）提供服务的诚挚意愿。

第四，表达希望游客对讲解工作给予支持与配合的意愿。

第五，预祝游客旅游愉快。

（二）商定游览行程

商定游览行程这一行为主要发生在较大的游览景区（点）。通过游览行程的商定，导游人员可以很好地了解游客的兴趣所在，从而做到在讲解时有所侧重，这样更能迎合游客的兴趣，满足游客的需求。导游人员在商定游览行程时应注意以下几个方面。

1. 商议时间

商议时间越早越好，这样导游人员可以有更多的时间来计划路线，调整讲解内容。商议的时间一般在致欢迎词之后，要是双方能提前通过电话进行商议就更好了。

2. 商议人员

在接待散客时，导游人员一般与所有人员进行商议，不要参与投票，只提供参考意见即可；在接待旅行团时，导游人员可与地陪或者全陪进行商议，听从他们的意见即可；在接待一般的参观团时，导游人员可征求比较有权威的团长的意见；在接待贵宾团时，特别是当团内成员是领导时，导游人员只需听从该单位组织者的安排，然后合理规划好时间就行，因为他们的路线都是提前规划好的。

3. 商议原则

本着尽量不对景区(点)已有安排做太大变动的原则，尽力满足合理且可能的要求。当出现异议时，导游人员可遵循少数服从多数的原则，切记不要介入游客的内部矛盾。

(三)旅游景区(点)介绍及注意事项提醒

通常此环节在景区(点)入口处的导览图前进行。导游人员应将景区(点)的主要组成部分、游览路线、所需时间等做简要介绍，尽量让每一位游客都清楚明白。介绍内容具体包括以下几点。

第一，介绍本景区(点)的概况，尤其是景区(点)的背景、价值和特色。

第二，对本景区(点)所在地区的自然、人文景观和风土人情做简要说明。

第三，提醒游客注意自己团队协商好的游览计划，包括在景区(点)的停留时间、主要游览路线，以及参观游览结束后的集合时间和地点。

第四，问清人数，做好提醒工作，防止游客走失。

第五，介绍游览中的注意事项，并提醒游客保管好自己的财物。

(四)景区(点)讲解

景区(点)讲解是导游服务的核心内容，也是导游人员展示讲解水平的重要环节。讲解水平的高低可以说是决定此次导游服务工作成败的关键。导游人员应按照既定路线分段讲解，不仅要合理分配游客集中参观和自由活动的时间，而且在讲解时要做到因人而异，根据游客的不同类型和兴趣、爱好有所侧重地选择讲解内容。导游人员在讲解时要遵循以下原则。

第一，讲解时符合景区(点)的总体要求。

第二，以科学性和真实性为原则对讲解内容进行取舍。

第三，讲解中涉及的民间传说应有故事来源或历史传承，不得随意编造。

第四，避免使用造成歧义的词语。

第五，在使用文言文讲解时需注意游客的文化水平，必要时要用大众化的语言给予补充性解释。

第六，介绍历史人物或事件时应充分尊重历史原貌；如果遇到尚存争议的科学原理或敏感的人物、事件，要用中性词表达。

第七，讲解时应结合景物或展品适时宣传环境、生态或文物保护等相关知识。

☞ **知识拓展**

乘车(乘船)游览的讲解服务要求

第一，合理安排游客入座。

第二，在上车(船)、乘车(船)、下车(船)时提醒游客有关安全事项，提醒游客清点自己的行李物品，并对老幼病残孕等群体给予特别关照。

第三，注意保持讲解内容与行车（行船）节奏的一致，讲解声音洪亮，应设法让游客都能听见。

第四，努力做好与司机（或船长）在行车（船）安全方面的配合。

游客观看景区（点）演出时的服务要求

第一，如实向游客介绍本景区（点）演出的节目内容与特色。

第二，按时组织游客入场，倡导游客文明观看节目。

第三，在游客观看节目的过程中，导游人员应自始至终坚守岗位。

第四，如个别游客因特殊原因需要中途离场，导游人员应设法妥善安排。

第五，不得强迫或变相强迫游客观看需要另行付费的演出项目。

（五）致欢送词

在景区（点）讲解结束后，导游人员要致欢送词以示告别。经过短暂的相处，导游人员和游客彼此间有了一定的了解，所以导游人员在致欢送词时一定要饱含感情。欢送词的内容主要包含以下几个方面。

第一，对游客在参观游览过程中的配合表示感谢。

第二，征询游客对讲解工作和景区（点）建设方面的改进意见。

第三，若景区（点）备有小纪念品，导游人员可将其赠予游客并热情欢迎游客再次游览。

第四，目送游客离开，等游客离开后方可转身离开。

三、游览结束后的善后工作

（一）撰写小结

送走游客之后，景区（点）导游的工作并没有结束，导游人员还需要做好总结工作。在记录游客的反馈时，尽量引用原话，并注明游客的姓名和身份。除此之外，还需要记录游客对景区（点）景观及建设情况的感受和建议、尚需要办理的事项、自己的体会及对今后工作的展望。若发生重大问题，应另附专题报告。

（二）查漏补缺

导游人员在总结工作的同时一定要查漏补缺，应及时找出工作中的不足及存在的问题，如讲不清楚或无法解答某个知识点，并进行有针对性的知识积累，或请教有经验的同行，或查阅相关资料，力争避免在今后的工作中再发生类似的失误。

（三）总结提高

对于游客提出的涉及导游服务的意见和建议，导游人员应认真反思，汲取教训，不断改进，以提高自己的讲解水平和服务质量。对于游客提出的涉及其他部门的意见和建议，导游人员应将其及时反馈到相应部门，以便其改进工作。

【自我学习】

一、填空题

1. 景区(点)导游服务工作流程主要分为(　　)、(　　)和游览结束后的善后工作。

2. 游览前的知识准备主要包括了解景区(点)、了解自己和(　　)。

3. 游览结束后的善后工作主要包括(　　)、(　　)和总结提高。

二、判断题

任务 2 答案

1. 景区(点)导游进行讲解时不可以使用少数民族语言。(　　)

2. 讲解中涉及的民间传说应有故事来源和历史传承，不得随意编造。(　　)

3. 景区(点)导游可穿民族服装，戴民族佩饰。(　　)

4. 游客观看景区(点)演出时，导游人员可以自由活动。(　　)

5. 致欢迎词的总要求是态度热情友好，语言简洁明了。(　　)

【项目小结】

任务名称	知识目标、技能目标、素质目标
景区(点)认知	能复述旅游景区(点)的概念；能归纳旅游景区(点)的类型 学会对旅游景区(点)进行分类 具备团队合作能力、资料筛查能力、总结与汇报能力
景区(点)导游服务岗位认知	能复述景区(点)导游服务工作流程；能熟记各个流程的基本要求 形成基本的岗位认知 养成职业意识和习惯

项目二 职业素养养成

【项目描述】

通过学习景区(点)导游职业道德、景区(点)导游职业心理素质、景区(点)导游职业礼仪与形象设计等相关知识，养成良好的导游职业道德、职业心理素质和职业礼仪，树立良好的职业形象。

>> 任务3 景区(点)导游职业道德养成<<

【任务描述】

学习景区(点)导游职业道德的含义、基本要求与规范及养成途径等相关知识，并将其运用到实际工作中。

【技能实训】

实训任务	景区(点)导游职业道德案例分析
实训目标	1. 知识目标：能讲述导游职业道德的基本要求与规范 2. 技能目标：具备良好的职业道德素养；能通过一定的途径提升个人职业道德素养 3. 素质目标：弘扬社会正能量，提升团队合作能力、问题分析能力
实训学时	建议2学时
实训地点	教室或导游实训室
实训条件	校内实训室：学生用电脑、多媒体设备等
实训流程与标准	1. 分配学习小组，明确小组任务 2. 教师讲解导游职业道德的基本要求与规范 3. 教师给出案例，学生分组进行剖析 4. 每个小组派代表进行汇报，并讨论 5. 教师就每个小组的发言进行总结
实训考核建议	1. 考核内容：态度+纪律+汇报+观点 2. 考核方式：课堂汇报 3. 考核主体：教师、学生

【理论知识】

职业道德的概念有广义和狭义之分。广义的职业道德是指从业人员在职业活动中应该遵循的行为准则，涵盖了从业人员与服务对象、职业与职工、职业与职业之间的关系。狭义的职业道德是指在一定职业活动中应遵循的、体现一定职业特征的、调整一定职业关系的职业行为准则和规范。不同的职业人员在特定的职业活动中形成了特殊的职业关系，包括职业主体与职业服务对象之间的关系、职业团体之间的关系、同一职业团体内部人与人之间的关系，以及职业劳动者、职业团体与国家之间的关系。

良好的职业修养是每一位导游人员的必备素质，良好的职业道德是每一位导游人员的基本品质，这两点是对导游人员最基本的规范和要求。

☞ **实例分析**

2005 年 8 月，陕西洛川，一场旅游途中突如其来的车祸，让原本充满欢声笑语的车厢顿时陷入极度的恐慌之中。旅游大巴车被撞得严重变形，车内血肉模糊，乱作一团。危急时刻，车厢里传来导游文花枝“挺住！加油!”的鼓励声。这个声音虽然微弱，却透着一股沉稳、坚定，像黑暗中的一线光束，让受伤、受惊的游客从死亡的噩梦里看到生的希望。事后许多亲历者都说，正是这个很有穿透力的声音，给了大家支撑下去的勇气。其实，在这起重大交通事故中，文花枝是伤得最重的一个，但重伤的她一直牢记着自己的神圣职责。当施救人员一次次向她走过去，她总是吃力地摇摇头说：“我是导游，我没事，请先救游客!”在长达两个多小时的救援时间里，她多次昏迷，但只要一醒过来，就不停地为大家鼓劲、加油。文花枝是最后一个被救出来的。她左腿 9 处骨折，右腿大腿骨折，髋骨 3 处骨折，右胸第四、第五、第六、第七根肋骨骨折。由于延误了宝贵的救治时间，医生不得不为文花枝做了左腿截肢手术。

【分析】

在这个案例中，我们看到了一名优秀导游的高尚的职业道德修养。“请先救游客”，这句话表明在她的心里，游客至上，她立志为每一位游客提供优质的服务。面对突如其来的灾难，她没有慌乱，没有失去控制力，而是尽自己最大的力量去拯救游客，这体现了她团结协作、顾全大局的职业道德。如果你是事件的亲历者，你会和文花枝做出同样的选择吗?

景区(点)导游职业的突出特点在于它总是能和多方面的利益联系在一起。导游服务工作需要多部门、多环节、多人员的密切合作，过程中经常会发生国家利益、游客利益和自身利益相冲突的情况。要处理好个人利益、他人利益和国家利益之间的关系，导游人员须具备正确的道德观念和道德准则，养成良好的职业道德。

一、景区(点)导游职业道德的基本要求

(一)热爱旅游事业和旅游工作

热爱旅游事业和旅游工作，是旅游相关职业从业人员最基本的职业道德要求。

导游人员只有提高对旅游事业和旅游工作的认识，才能激发起自身的职业热情和道德情感，从而正确处理与游客之间的关系。要真正做到热爱旅游事业，应做到：第一，正确认识社会主义旅游事业的性质和任务；第二，培养敬业、乐业的道德情感；第三，发扬勤业、创业的优良传统。

(二)全心全意为游客服务

全心全意为游客服务是旅游业的根本宗旨，也是我国导游人员精神境界的集中体现。所谓“全心全意为游客服务”，是指在导游服务过程中，导游人员要事事从满足游客的需求出发，处处体现游客利益至上的原则，想游客之所想，急游客之所急，尽最大的努力为游客提供最便利、最优质的服务。具体来说，包括以下几个方面：第一，对于游客提出的正当、合理要求，导游人员应想方设法去满足；第二，自始至终都应保持愉快的心情和友好的态度，任何时候都不应以生硬和冷漠的态度接待游客；第三，随时关注和领会游客的各种需要，处处为游客的最大利益着想；第四，最大限度地维护游客的合法权益；第五，提供规范化与个性化的导游服务。

(三)发扬爱国主义和国际主义精神

导游人员应发扬爱国主义和国际主义精神，具体应做到以下几点。

第一，坚持“祖国利益高于一切”的理念。

第二，要自觉维护祖国的独立、完整、统一和尊严。

第三，要自觉维护祖国各族人民的安定团结。

第四，要自觉为祖国的繁荣昌盛奋发进取。

第五，要有民族自尊心和自信心。

第六，要尊重其他国家和民族的风俗习惯和宗教信仰，支持人类的一切正义斗争和进步事业，同一切国家的人民平等往来、友好相处，反对霸权主义，维护世界和平。

(四)发扬人道主义精神

人道主义提倡关怀人、尊重人、以人为中心的世界观，主张人格平等，互相尊重。导游人员在发扬人道主义精神时应做到：尊重游客的价值，尊重游客的尊严；关心游客胜过关心自己；与游客之间互助互爱；维护社会成员的基本关系等。

二、景区(点)导游职业道德规范

景区(点)导游职业道德规范是导游人员在其职业活动中应该遵循的、与其职业活动相适应的道德理念、道德精神和道德品质等，是人们评价和判断导游人员职业道德行为的标准。具体来讲，主要包含以下几个方面。

(一)遵纪守法、廉洁奉公

这是导游人员正确处理个人与集体、个人与社会、个人与国家关系的一种行为准则。导游人员必须遵守国家的法律法规，自觉地执行行业和企业的各项规章制度，遵守行业的纪律，执行导游服务质量标准，严格按导游操作规程办事，即做好准备、接待、善后三大程序的各项工作。要严守国家机密，廉洁奉公，自觉以国家利益和集体利益为重，坚决与一切贪污浪费、损公肥私、徇私枉法行为做斗争，抵制索取小费、套购指标、炒汇套汇、索取礼品等不正之风，维护旅游业的声誉，促进良好社会风气的形成。

(二)爱岗敬业、善于钻研

导游人员需热爱本职工作，具有刻苦钻研业务的精神。一个人如果热爱自己所从事的职业，就会把对事业的追求作为自己奋斗的目标，就会刻苦钻研业务，不断拓宽知识面，提高服务技能，在岗位上做出显著成绩。

(三)热情友好、宾客至上

全心全意为游客服务和“热情友好、宾客至上”的服务宗旨是导游人员职业道德的主要内涵。导游人员在接待过程中应发扬我国礼仪之邦的优良传统，做到微笑服务、文明礼貌、敬语称道、举止端庄、讲话和气、态度和善；要把游客放在首位，把游客看成朋友、亲人，想游客之所想，急游客之所急，善解人意，热情周到，任劳任怨，满足游客合理、正当的要求，杜绝违背导游职业道德的不良行为。

(四)真诚公道、信誉第一

真诚公道、信誉第一是正确处理导游人员与游客之间关系的一项行为准则。在导游职业活动中，真诚是指真实诚恳，讲究信用，信守诺言和合同，不弄虚作假，不欺骗或为难游客；公道是指公平公正，只赚取合理合法的利润，既不“宰”游客，也不让旅游企业吃亏。信誉是企业的生命，对于服务性强、流动性大、消费水平较高的旅游业来说尤其如此。“诚招天下客，誉从信中来”，导游作为旅游业的从业人员，只有真诚公道地对待每一位游客，为他们提供优质服务，才能树立良好的信誉和形象，最终取得良好的经济效益。

(五)一视同仁、不卑不亢

一视同仁、不卑不亢是导游人员民族自尊心、自信心以及国格、人格的体现，是处理与游客关系的重要道德规范。导游人员在接待工作中要谦逊而不谄媚，稳重大方，尊重游客，热情友好，对待不同国籍、不同民族、不同肤色的游客，要一视同仁，不分亲疏。

(六)团结协作、顾全大局

导游人员在工作中要切实处理好组团社和接团社的关系，处理好与地陪、全陪、其他接待人员以及司机之间的关系，遇到特殊情况，如发生安全事故时，能够从大局出发，与他人通力协作，迅速妥善地处理；处理好同民航、铁路、景区(点)工作人员之间的关系，遇到问题不推诿责任，不相互指责、扯皮，树立全局意识；处理好与其他旅游企业的关系，杜绝削价竞争、以邻为壑的现象，在旅游业内部建立起团结、友爱、平等、互助的新风尚。

(七)吃苦耐劳、乐观细致

讲解工作是一项工作量大、重复性强、脑体高度结合的工作。要从事这样的工作，导游人员必须具备不怕困难、吃苦耐劳的优秀品质，需要在对客服务中秉承敢于吃苦、善于吃苦、乐于吃苦的工作态度。导游工作是与人打交道的工作，因此导游人员不仅需要具备开朗自信、乐观向上的性格，还需要具有相当的耐心和细致的工作态度，只有这样才能为游客提供贴心、周到的讲解服务。

三、景区(点)导游职业道德养成途径

景区(点)导游职业道德的养成途径有很多，主要包括以下几个方面。

(一)加强自身职业道德修养

景区(点)导游职业道德规范对导游人员的工作具有重要的指导作用，然而对于导游个体而言，这些理论原则只是一种外在于主体的客体力量，它们只具备外在约束力。一名合格的导游必须加强导游职业道德修养，把这些外在要求内化为自己的道德品质，变成自己的道德需要，再外化为正确的道德行为。具体来讲，导游人员要善于自察、自检、自省、自律，把外在的道德要求内化为自身的道德品质，再自觉地践行职业道德规范，调整自己的行为，有效地解决导游工作中的各种矛盾，成为一名合格的导游。

1. 要注重良心的强化

良心是人们自我控制和自我调节的道德心理机制，它往往与人们的义务感、荣誉感和尊严感相结合，使人们能意识到自我对他人、对社会所承担的道德责任。景区(点)导游职业道德修养的提高有赖于良心的强化，它可以使导游职业道德规范的履行变为一种内在的自觉。

2. 要做到“慎独”

“慎独”就是指在独自一人、无人监督时，能自觉控制自己的欲望，谨慎行事，不做任何不道德的事。导游人员应严格要求自己，在实践中不断加强自我道德修养，向“慎独”的境界迈进。

3. 要开展批评与自我批评，善于剖析自己

职业道德修养的提高依赖于个体自身的努力和高度的自觉性。导游人员应在心灵深处进行自我认识、自我剖析、自我教育、自我斗争、自我改造、自我提高，这是提高导游职业道德修养的根本方法。

(二)加强行业自律，建立健全行业自律机制

1. 建立旅游行业自律机制，规范旅游行业从业人员的行为

旅游行业从业人员应从维护国家利益和行业整体利益的高度出发，打造旅游业良好的整体形象，积极推进行业自律机制的建立，创造良好的行业发展环境。首先，要遵守国家法律法规，规范服务行为，严格按照《旅行社管理条例》和《导游人员管理条例》及其实施细则为游客服务。其次，要服从管理，服从旅行社的安排、分工和旅游行政管理部门的管理，接受各级部门和游客的监督。最后，充分尊重游客的意愿，不欺诈、不诱导游客，真正做到诚实守信。

2. 建立旅游行业组织，提高旅游行业从业人员的整体素质

旅游行业从业人员应通过成立导游协会等行业组织，制定并学习“行业自律公约”，利用行业组织的优势，努力提高自身素质，规范从业行为，从而树立良好的职业形象。

(三)加强职业培训，建立企业培训机制

景区(点)导游职业道德修养的提高，不仅需要导游个人不断努力，还需要旅游企业不断进行职业培训。旅游企业应建立完善的企业培训机制，在培训过程中逐渐提升员工的职业道德修养水平。旅游企业应注重培训的专业性和针对性，将理论与实践充分结合，注重实效，避免使培训流于形式，同时还要注重培训的阶段性与递进性，从使导游人员正确认识职业使命，到激发导游人员对讲解职业的热爱之情，再到重塑导游人员的职业价值观，逐渐建立一个完整的培训体系。

(四)树立先进典型，凝聚榜样的力量

一个典型就是一面旗帜，一个榜样就是一座丰碑。突出典型，是为了充分发挥榜样的引领、示范和辐射作用。树立典型，能够更好地调动导游人员的积极性、主动性、创造性。旅游企业应用身边人、身边事来教育人，影响人，感召人，使学先进、赶先进、当先进成为一种精神追求和自觉行动。通过典型和榜样的作用，促使导游人员把学习和实践融入日常工作和生活中，并使其在参与过程中陶冶情操，启迪智慧，净化心灵，自觉投身于推动旅游事业向前发展的行动中。

☞**知识链接**

从繁体字的角度解析“导游”

“导”的繁体字是“導”，上面是个“道”字，下面是个“寸”字。“道”指道德，“寸”指分寸。因此，导游就应该是具备高尚的职业道德并能够在具体的服务工作中把握分寸的人。“游”的繁体字还是“游”，因为从古至今，“从容地行走”是每个人的心之所向。导游就是能够带着游客从容行走的人。要做到这一点，导游必须具备丰富的理论知识和较强的实践能力。导游通过自己的讲解，使自然风光的“静态”变成“动态”，使沉睡了千百年的文物“死而复活”，使博大精深的传统文化变得通俗易懂。导游通过娴熟的交际技巧来解决难题，化解矛盾，使多方关系变得融洽；通过宣传和解说，将旅游景区(点)的特色商品和土特产品推荐给游客，促进当地经济的发展。该挣的钱没有挣到是“无能”，不该挣的钱去挣了是“无德”，“有德有能”的导游才是一名优秀的导游。

☞**案例**

优秀导游先进事迹

事迹一：我喜欢工作，我爱做导游——记全国模范导游甘玲

甘玲于2003年被评为“桂林市劳动模范”，于2004年被评为“广西壮族自治区劳动模范”“广西十佳导游员”。2005年，广西劳模和先进工作者先进事迹巡回报告团到全区各市进行宣讲，使更多的广西人了解了这位桂林旅游行业先进代表的成长经历和心路历程。

甘玲“劳模路”的最初几步，其实充满着理想色彩。她学英语，是因为“学英语时尚”；做导游，是因为导游“时尚而且自由”。1985年，她如愿考上了广西大学外语系，毕业后也如愿地来到广西旅游发达城市——桂林，成为广西中国国际旅行社的一名导游，先后在英语部、散客部任导游翻译。为了更自由，甘玲于1997年离开了广西中国国际旅行社，被桂林市导游公司较为松散的管理吸引，主要为南宁中国青年旅行社接团。

甘玲走上工作岗位之后，对工作极其负责的态度和敬业精神逐渐取代了原先的浪漫情怀。她充分感受到了导游这一中国新兴行业的时尚，也深深体会到这一职业的辛苦，同时为此付出了很大的努力。甘玲认为，一个好导游必须具备精湛的技艺，只有这样才能为游客提供优质的服务。于是她苦练英语，学习导游基础知识和服务规范，了解导游职业道德规范和政策法规，在很短的时间内就取得了中级翻译证和中级导游资格证。她还学习各种知识，甚至学习了很多与营养和保健相关的知识，并在一家美国保险公司深圳分公司接受培训且工作了半年，还获得了保险从业人员相关证书。这些经历，不仅拓宽了她的视野，还大大提升了她的接待水平和服务能力。

在不断地磨砺中，甘玲形成了独特的讲解风格，能够为游客提供更多的个性化服务，也为不同国家、不同地区、不同职业的游客带来了欢乐。例如，在接待很多分手或者离婚的游客时，她不是光顾自己讲，还会注意他们的反应，想办法让他们多说话，让他们能够宣泄自己的郁闷。又如，一个以色列旅游团中的游客对来桂林之前的三个中国城市的地陪都不满意，并且与导游发生过很多争执。到桂林后，甘玲以诚恳的态度、热情的服务、客观的介绍，给游客留下很好的印象。尤其是在往返龙脊的路上，游客七八次要求停车照相，甘玲都能做通司机工作，请司机配合停车，在确保安全的情况下满足客人的需要。以色列旅游团的领队和游客都对甘玲的工作非常满意，写信到旅行社要求甘玲以后专门接待以色列旅游团，之后许多重要的以色列旅游团也指名要甘玲接待。

从毕业到现在，甘玲接待过来自世界各地的游客。甘玲优质的服务深得外宾的赞赏，她年年都得到大量的表扬。每次旅游结束评价导游服务时，大多数游客在对甘玲的导游服务评价表上填写的都是“优秀”。

事迹二：追求永无止境——记全国模范导游高晓红

“Nice to meet you! My name is Lindy…”无论你是在机场取行李，还是在去往机场的通道上，西安中国国际旅行社外语导游高晓红一定会为你送上热情的问候和祝福。

高晓红于2000年7月以优异的成绩从西安外国语大学旅游学院毕业后，经过考试来到西安中国国际旅行社。2000年11月，她参加了“秦始皇陵杯导游大赛”，被授予“英语导游状元”“陕西省技术能手”称号，2006年4月被评为“陕西省优秀导游员”。2002年至今，她还一直为全国导游证考试(陕西考区)讲解模拟示范课程，并担任考区应用口试科目评委。高晓红每年平均接团200天以上，每次都能圆满完成接待任务，从未接到任何责任投诉，在一些重点团、品牌团的接待工作中表现出色。

2005年6月，高晓红受命接待美国一个投资团。就在该团离开西安的前一天，高晓红家里突然来电话说父亲胰腺癌复发，病情危急。由于当晚相关政府领导要接见此团，高晓红已被安排为双方会谈做翻译，如果她此时请假，不仅会给公司带来很大不便，更可能会影响整个会谈的顺利进行。考虑再三，高晓红决定先完成该团的接待任务。然而，第二天当她把客人送到机场，圆满完成全部工作后，却接到家里的电话说父亲已经过世了。

由于在业务上的突出表现，高晓红已成为西安中国国际旅行社接待一线的中坚力量，公司经常安排她接待一些重点团队和客户。她曾先后接待过波黑驻联合国大使率领的联合国妇女联合会代表团、美国全球最大化学公司来陕投资代表团、美国洛杉矶警署代表团等重点团队和美国国家地理杂志等公司重要客户。2005年，马来西亚航空公司举行吉隆坡—西安首航仪式，她代表主办方参加了全程主持及翻译工作。自从业以来，她都以饱满的热情和高度的敬业精神认真对待每一位游客，得到了游客们的普遍认可和赞扬。

【自我学习】

一、判断题

1. 全心全意为游客服务和“热情友好、宾客至上”的服务宗旨是导游人员职业道德的主要内涵。(　　)

2. 导游人员的职业道德是道德在导游职业中的具体体现和补充，是导游人员在工作中必须遵循的道德原则和行为规范。(　　)

3. 优质服务的核心是好学向上，要为每一位游客提供尽善尽美、满意周到的服务。(　　)

二、单选题

1.(　　)是导游人员正确处理个人与集体、个人与社会、个人与国家关系的一种行为准则。

A. 遵纪守法、廉洁奉公　　B. 一视同仁、不卑不亢

C. 热情友好、宾客至上　　D. 团结协作、顾全大局

2. 导游人员要严守国家机密，在接待入境游客时要坚持的原则是(　　)。

A. 宾客至上　　B. 履行合同

C. 内外有别　　D. 文明服务

三、多选题

1. 导游人员讲话要注意分寸，坚持五不讲：(　　)。

A. 有伤游客自尊的话不讲

B. 有损游客人格的话不讲

C. 埋怨责怪游客的话不讲

D. 蛮横无理的话不讲

E. 讽刺的话不讲

2. 导游人员和游客交往时做到四不计较：(　　)。

A. 游客不理睬导游的主动招呼不计较

B. 游客性情急躁不计较

C. 游客提出的意见不客观不计较

D. 游客不体谅导游工作繁忙不计较

四、实训操作题

以小组为单位开展“我心中最美导游”先进事迹阅读讨论会。

任务 3 答案

>> 任务 4　景区(点)导游职业心理素质养成 <<

【任务描述】

学习心理素质的相关知识，掌握导游职业心理素质的养成方法，养成良好的职

业心理素质。

【技能实训】

实训任务	旅游景区(点)导游职业心理素质养成训练
实训目标	1. 知识目标：能复述心理素质的相关知识和旅游景区(点)导游职业心理素质的基本要求 2. 技能目标：能准确分析自身的心理素质，学会旅游景区(点)导游职业心理素质养成的方法 3. 素质目标：养成良好的旅游景区(点)导游职业心理素质，具备一定的思辨能力以及分析问题和解决问题的能力
实训学时	建议4学时
实训地点	教室或导游实训室
实训条件	校内实训室：学生用电脑、多媒体设备等
实训流程与标准	1. 分配学习小组，明确小组任务 2. 教师讲解旅游景区(点)导游职业心理素质的相关知识 3. 教师给出案例，学生分组进行剖析 4. 每个小组派代表进行汇报和讨论 5. 教师就每个小组的发言进行总结
实训考核建议	1. 考核内容：态度+纪律+汇报+观点 2. 考核方式：课堂汇报 3. 考核主体：教师、学生

【理论知识】

导游人员是否能够干好工作，取决于其是否具有良好的行为素质、身体素质、文化素质以及心理素质，其中心理素质占有很大比重。导游人员只有具备了良好的心理素质，才能为游客提供优质的服务。

☞实例分析

“十一黄金周”期间，D导游在带团游览故宫的时候，有位女士带着孩子去买饮料，结果掉队了。当时故宫里人山人海，D导游费了很大力气才把她们找回来，但无论怎么诚恳地道歉，都得不到那位女士的原谅。吃中午饭的时候，那位女士突然拉起孩子，大声地向餐厅里的人诉说起在故宫里走失的“遭遇”和“感受”，说自己一个多小时都没有找到队伍，大人急，孩子哭，最后竟然声泪俱下。经她这么一闹，其他团队的游客跟着起哄，餐厅里的秩序大乱。全陪劝那位女士先照顾孩子吃饭，有什么事情等吃完饭再说。可她正在气头上，一时劝不住。D导游只好硬着头皮听她宣泄不满，同时为她们母女单独留出一些饭菜。过了一会儿，那位女士闹累了，D导游赶紧动员几位游客过去劝她们母女吃饭。以后几天，D导游也没跟那位女士计较，自始至终在服务上没有懈怠。

【分析】

D导游面对游客的无理取闹没有和游客发生正面冲突，而是非常克制和理性地处理了矛盾，表现出处事不惊的心理素质和过硬的心理承受能力。如果你是事件的亲历者，你会如何处理？

一、心理素质的含义

心理素质作为中国本土化的一个重要学术概念，目前已经拥有了专业的英文名——“psychological quality”。心理素质，是人的整体素质的组成部分。它以自然素质为基础，以自我意识发展为核心，是在后天环境、教育、实践活动等因素的影响下逐步发生、发展起来的。心理素质是先天因素与后天因素的结合，是人的情绪内核的外在表现。心理素质具有人类素质的一般特点，但也有自己的特殊性。在当今社会，人的心理素质显得越来越重要。

二、心理素质的构成

心理素质由五个方面构成，即心理潜能、心理能量、心理特点、心理品质与心理行为。这五个方面有机地结合在一起，蕴含在智力因素与非智力因素之中。

心理潜能：国内外的一般共识是，每个人生来都具有一定的潜能。人本主义心理学家认为，人生来都具有优秀的潜能，只要努力，都可以充分发挥自己的潜能。潜能并不神秘，它是人的心理素质乃至社会素质赖以形成与发展的前提条件。

心理能量：亦称心理力量或心理能力，也可简称为“能”或“力”。世界上的万事万物(包括精神)都有一定的能量，即都是有“力”的，人也是如此。人是一个由身体系统与心理系统构成的总系统，而这两个子系统也是有力(能量)的，前者为体力，即身体之能力，后者为心力，即精神之能力。这种心理能量是人的心理素质的体现，其大小强弱能够反映出一个人心理素质水平的高低。

心理特点：特点、特性、特征、属性等是一回事，都是指事物本身所固有的某种东西。人的心理活动总共有六对特点，即客观性与主观性的统一、受动性与能动性的统一、自然性与社会性的统一、共同性与差别性的统一、质量与数量的统一、时空性与超时空性的统一。人的各种心理现象也具有各自的特点，如感知的直接性与具体性、思维的间接性与概括性、情感的波动性与感染性、意志的目的性与调控性，等等。心理特点也是心理素质的具体标志。

心理品质：心理品质与心理特点有联系，但二者也有区别，不能混为一谈。它并非心理活动本身所固有的，而是人们在后天习得的。品质有两个方面的含义：一方面是个别差异，即每个人具有不同的心理品质；另一方面是培养标准，即要求人们的心理所应当达到的水平。几乎每一种心理现象都具有一定的品质，如记忆的敏捷性、持久性、准确性、备用性，思维的灵活性、深刻性、独立性、批判性，情感的倾向性、多样性、固定性、功效性，意志的自觉性、果断性、坚持性、自制性，等等。心理品质的优劣最能反映出一个人心理素质水平的高低。

心理行为：无论是简单的行为还是复杂的行为，归根结底都受人的心理的支配，都是人的心理活动的外在表现。因此，从这个意义上说，人的一切行为都可以被称为心理行为。这种心理行为是心理素质的标志，它可以反映心理素质水平的高低。而且，心理素质的另外四个组成因素，即心理潜能、心理能量、心理特点、心理品质，也都会明显或不明显地通过心理行为反映出来。

☞**知识链接**

马斯洛——良好的心理素质表现

第一，具有充分的适应力。

第二，能充分地了解自己，并对自己的能力做出适度的评价。

第三，生活的目标切合实际。

第四，不脱离现实环境。

第五，能保持人格的完整与和谐。

第六，善于从经验中学习。

第七，能保持良好的人际关系。

第八，能适度地发泄情绪和控制情绪。

第九，在不违背集体利益的前提下，能有限度地发扬个性。

第十，在不违背社会规范的前提下，能恰当地满足个人的基本需求。

三、心理素质的培养

培养和提高心理素质是需要有意志力的。它需要一个过程，也需要人们不断地努力与锻炼。提高心理素质具体来说要从自我意识训练、情绪调控、智力训练、意志培养、个性塑造、学习指导和交往指导等方面进行。

自我意识训练

第一，提高自我认识。《孙子兵法·谋攻篇》中说："知己知彼，百战不殆。"所以看清自己的弱项和强项是自我认知的第一步。只有看清了自己的缺点，才有改正它的目标和动力。自我认识主要包括三个方面：第一，认识到自己的身体特征和生理状况。第二，认识到自己在集体和社会中的地位及作用。第三，认识到自己的心理活动及其特征。

第二，控制好情绪。情绪是一个人的心理活动最直接也是最真实的外在反映。认知心理学家认为，思维决定情绪。情绪是对人、对事件、对环境进行的解释。一个人内心有什么样的想法就会有什么样的情绪体验和情绪表现。一个正常人，在遭受屈辱的时候不会开怀大笑，在同自己心爱的伴侣花前月下的时候也不会恼羞成怒。那么一个人在面对困境、遭遇挫折的时候，会表现出怎样的情绪来呢？通常情况下，最常见的无非就是紧张、焦虑、烦躁、失落和抑郁等。试想带着这样的消极情绪，能做好什么事呢？即使再有能力的人又能发挥出多高的水平来呢？因此，控制好自己的情绪是有效提高心理素质的关键。

第三，提升智力水平。智力包括一个人的观察力、记忆力、想象力、思维力、注意力、创造力。智力是这些能力的总称。这些能力发展了，智力水平自然就提高了。有位心理学家做了一个形象的比喻：观察力好像智力的眼睛，记忆力好像智力的存储器，想象力如同翅膀，思维力像中枢，创造力如同智力转换为物质能量的转换器。从这个比喻中我们可以看出，智力是由多种要素构成的，所以要提升自己的智力，就要不断训练自己的观察力、记忆力、想象力、思维力、注意力、创造力。

第四，提高受挫力。挫折教育作为新的教育理念，已经越来越受到人们的关注。适当的挫折不但有助于人们更好地认识自我，而且有助于提高人们的心理素质。为什么这么说呢？人属于感知耗损型的动物。人对同一事物的感觉，会随着次数的增加和时间的推移由强烈趋于平淡，感觉敏感度会呈现下滑的趋势。因此，我们要锻炼自己，即使受到委屈，遇到挫折，感到痛苦，也要尽量坚持，不要轻言放弃。

第五，塑造健全的人格。人格是感觉、认知、情绪、价值及生化反应诸要素整合的产物，是个体在社会化过程中所形成的内部稳定和持久的动力组织。一般来说，人格的形成与生物遗传因素有关，但它也受到一定的社会文化背景的影响，所以也是社会文化的产物。健全人格的养成不仅需要丰富的知识，还需要健康的体魄、良好的教养、广泛的兴趣、高尚的情操和真正的智慧。因此，健全的人格应该是自由思想、独立精神、诚实作风、仁爱品德的综合体现。

第六，提高学习能力。只有平时多读书、多学习，脑海中的知识量才能越来越多，与不同的人聊天时才能有话可说，这对提升自身的心理素质有很大的帮助。

第七，提高社交能力。多与不同的人接触、沟通，多与别人交流对事物的看法，取长补短，随着认识的加深，自己会变得更加自信，心理素质也会提高。

☞ **知识拓展**

如何了解自己的心理素质

以下是八道心理素质测试题，每题只能选择一个答案，然后根据答案将自己的得分累加起来，看看总分是多少。通过所得分值就能大致了解自己的心理素质如何。

1. 你有急事，所以骑车闯红灯，被警察叫住，警察有点拖延时间，这时你会——

a. 急得满头大汗，不知怎么办才好。

b. 十分友好地、平静地向警察道歉。

c. 听之任之，不做任何解释。

2. 在朋友的婚礼上，你未料到会被邀请发言，在毫无准备的情况下，你——

a. 双手发抖，结结巴巴说不出话来。

b. 感到很荣幸，简短地讲几句。

c. 很平淡地谢绝了。

3. 你在餐馆刚用过餐，服务员来结账，你忽然发现身上带的钱不够，此刻你会——

a. 感到很窘迫，脸发红。

b. 自嘲一下，马上对服务员实话实说。

c. 在身上东摸西摸，拖延时间。

4. 假如你乘坐公共汽车时忘了买票，被人查到，你的反应是——

a. 尴尬，出冷汗。

b. 冷静，不慌不忙，接受处理。

c. 强装微笑。

5. 你独自一人被关在电梯内出不来，你会——

a. 脸色发白，惶恐不安。

b. 想方设法自己出去。

c. 耐心地等待救援。

6. 有人像老朋友似的向你打招呼，但你一点也记不起他(她)是谁，此时你会——

a. 装作没听见似的不搭理。

b. 直率地承认自己记不起来了。

c. 朝他(她)瞪瞪眼，一言不发。

7. 你从超市里走出来，忽然意识到你拿着忘记付款的商品，此时一个很像保安的人朝你走过来，你会——

a. 心怦怦跳，惊慌失措。

b. 诚实、友好地主动向他解释。

c. 迅速回转身去补付款。

8. 假设你从国外回来，提箱中携带了超过规定数量的烟酒，海关官员要求你打开提箱检查，这时你会——

a. 感到害怕，两手发抖。

b. 泰然自若，听凭检查。

c. 与海关官员争辩，拒绝检查。

测试题答案：选 a 得 0 分，选 b 得 5 分，选 c 得 2 分

1. (0～25 分)你承受压力的心理素质比较差，很容易失去心理平衡，变得局促不安，甚至惊慌失措。

2. (25～32 分)你的心理素质比较强，性情还算稳定，遇事一般不会十分惊慌，但有时往往采取消极应对的态度。

3. (32～40 分)你的心理素质很好，几乎没有令你感到尴尬的事，尽管偶尔会失去控制，但总体来说，你的应变能力很强，是一个能经常保持镇静、从容不迫的人。

四、导游职业心理素质养成

第一，在从事导游工作之前，应对导游这一职业有一个全面的了解和正确的认识，从心理上做好准备。

近年来，全国报考导游资格证的人数不断增长。人们报考的目的各不相同：有的人认为导游收入高；有的人是想在旅游时可以获得景点门票的优惠，从而节省旅游的费用；有的人则认为从事导游工作可以游览各地的名胜古迹，增长见识；还有的人想利用导游这一工作结交新朋友，扩大自己的社会关系网。由此可以看出，很多人对导游这一职业并没有全面的认识和了解，看到的更多是导游工作的光环和带给自己的利益，而忽视了它的复杂性与辛苦性。这往往会导致人们对导游职业期望值过高，而当真正从事导游工作时却发现并不如自己想象的那样好，或者放弃工作，半途而废，或者在工作中消极对待。因此，在选择导游这一职业之前，应了解导游工作的基本内容和职业要求，从心理上做好准备。

第二，导游人员应该是品德高尚的、情感热烈的、精神饱满的。

首先，对自己的祖国和事业要充满自豪感；其次，热爱本职工作，在工作中投入极大的热情，对工作具有崇高的使命感和责任感，有一旦从事这一职业，就尽力把它做到最好的决心；再次，爱憎分明，保持乐观平和的心态；最后，在每一次导游服务之前，应做好充分的心理准备，准备好面临复杂多变的局面，准备好接受游客的投诉和抱怨。在为游客服务时，应表现出“内紧外松”的状态，即精力高度集中，思维缜密，而外在表现为大方的、轻松的、自然的，切忌在游客面前表现得过于拘谨。轻松的外在表现有助于导游人员能力的发挥，同时让游客感受到导游人员的自信，增强对导游人员的信任感。当然，良好的心理状态是建立在充分的业务准备基础之上的。导游人员在接到工作任务后，应熟悉接待计划，周密细致地安排旅游活动，尽可能全面地考虑问题，这样就可以避免许多问题和困难的出现。

第三，导游人员应具备良好的意志品质。

意志品质主要表现在自觉性、果断性、自制力和坚忍性四个方面。良好的意志品质对于导游人员来说是十分重要的，能帮助导游人员克服工作中的各种困难，迎接工作中的各种挑战，提高工作效率，有益于个人事业的长远发展。导游人员应具备以下意志品质。

首先，导游人员要具备自觉性，即主动意识，积极主动地发现问题、处理问题。导游人员要能够自觉支配自己的行动，有明确的工作目标，并努力实现既定目标。能正确对待自己的成绩与进步，虚心向他人学习，改正自己的不足，勇于克服各种困难，战胜各种挫折。避免在工作中依赖他人，盲目从事。

其次，导游人员要具备果断性，即判断能力，对旅游进程中可能发生的事情进行果断的处理。在处理接待过程中的各种问题时，能够反应机敏，善于权衡利弊，恰当地利用一切可以利用的条件，迅速果断地予以处理。切忌在处理问题时优柔寡断、犹豫不决或者草率行事。

再次，导游人员要具备自制力，即自控能力，在无人监管的状态下能认真、热情地完成旅游接待工作。其一，要能够很好地控制自己的情绪，微笑待客，尽可能把快乐带给游客。其二，要能克制和调节自己的行为，遇到困难和繁重的任务时不逃避，对工作不挑拣，处理问题时冷静、沉着。其三，能正确对待各种精神污染和物质诱惑，要做到政治立场坚定，经济上公私分明，生活上自尊自爱。

最后，导游人员要具备坚忍性，即忍耐力，能承受身心压力。要有干一行、爱一行，不断追求成功的锲而不舍的精神。

第四，导游人员应具有良好的感知能力和敏锐的观察力。

导游人员所面对的游客是千差万别的，游客的需要是多种多样且不断变化的。因此，要使游客真正感到满意，导游服务一定要突出一个"活"字。"活"字的根据是通过观察得来的信息。导游人员要随时观察游客的神态表情和言谈举止，观察周围的动向，善于发现新情况，然后根据这些信息感知和判断游客的不同需求，及时调整自己的服务内容，并采取必要的措施和多变的手法，从而提供针对性强的服务。感知能力和观察能力的提高，一方面要靠长期的工作实践，另一方面要靠日常有意识的练习。

第五，导游人员要保持注意力集中。

导游人员在工作时必须集中注意力，时刻关注周围环境、服务对象以及自身的导游行为。也就是说，导游人员要有良好的注意品质，有明确的注意范围，保持注意的稳定性，否则容易出现差错。另外，导游人员应合理地分配注意力，既要把大部分注意力放在导游讲解上，设法使内容生动、语句流畅，又要留部分注意力观察游客的反应，以调整讲解内容和讲解方法，与游客进行情感上的交流，同时还要留意周围的环境、游客的动向，以保证游客的人身安全和财物安全。合理分配注意力是一种技能，导游人员平时需要多加练习，熟悉导游业务，使自己的服务行为达到一种半自动化或者自动化的状态。

第六，导游人员应具有良好的性格。

如何战胜胆怯

性格是指一个人在个体生活过程中所形成的对现实的稳固态度以及与之相适应的习惯了的行为方式。良好的性格可以促进个人能力的形成和发展，可以支配和控制气质和习惯。导游人员应该拥有活泼外向的性格，愿意与人交往，对人热情，处事灵活而不固执，善于与各种人打交道；为人正直，富有同情心，乐观开朗，心胸豁达；富有幽默感，使幽默成为人际交往的润滑剂；为人谦虚谨慎，做事诚实可靠；工作勤奋积极，待客耐心细致。此外，导游人员还要有勇于开拓创新的精神，敢于担当，善于合作。

【自我学习】

一、单选题

1. 面对游客的无理取闹和无休止的追问，导游人员应(　　)。

A. 直接明确回答　B. 婉言明确回答　C. 暂缓回答　　D. 沉默以对

2. 导游人员能够"忍气吞声"，包容游客，说明导游要有（　　）。

A. 良好的感知能力和观察能力　　B. 一定的身心承受能力

C. 灵活的应变能力　　D. 较强的协调能力

二、多选题

1. 心理素质的构成要素有（　　）。

A. 心理潜能　B. 心理能量　C. 心理特点　D. 心理品质

E. 心理行为

2. 下列能够提高心理素质的方法有（　　）。

A. 全心全意为旅游业服务　　B. 提高自我认识

C. 提高受挫力　　D. 塑造健全的人格

三、简答题

导游人员应具备哪些良好的意志品质？

四、实训题

听资深导游讲如何提升心理素质，并以小组为单位讨论如何加强自身心理建设。

任务 4 答案

>> 任务 5　景区(点)导游职业礼仪与形象设计 <<

【任务描述】

学习职业礼仪与形象设计的相关知识，提高自身的礼仪素养，塑造良好的职业形象。

【技能实训】

实训任务	职业礼仪与形象设计训练
实训目标	1. 知识目标：能复述职业礼仪与形象设计的相关知识 2. 技能目标：正确判断自身的礼仪素养，具备职业形象塑造能力 3. 素质目标：养成文明礼貌、知礼守礼、乐观向上、友爱团结的优秀品质
实训学时	建议 4 学时
实训地点	教室或导游实训室
实训条件	校内实训室：学生用电脑、多媒体设备等
实训流程与标准	1. 分配学习小组，明确小组任务 2. 教师讲解导游职业礼仪与形象设计的相关知识 3. 学生分组进行职业礼仪和形象设计训练 4. 学习小组内互评 5. 教师考核
实训考核建议	1. 考核内容：态度＋纪律＋实训过程＋实训成果 2. 考核方式：课堂考核 3. 考核主体：教师、学生

【理论知识】

景区(点)导游的职业礼仪是指导游人员在提供导游服务的过程中应当遵循的一系列礼仪规范。学会这些礼仪规范，将使景区(点)导游的职业形象大为提高。

景区(点)导游的职业形象是指导游人员在提供导游服务的过程中所展现出来的与其职业相匹配的外部形态，如仪容、仪表、仪态、礼节、礼貌等。从这个角度讲，景区(点)导游的职业形象是指包含职业礼仪在内的综合形象。

每一位导游人员都需要具备塑造职业形象的意识，学会如何根据职业特点和自身特点进行形象设计。一般来说，要进行形象设计，首先要正确判定自己的脸型、体型、性格、气质等，然后根据这些确定自己的形象基础，并选择合适的发型、妆容、服装以及搭配方式，最后还要勤于练习相关职业礼仪，使自己的言谈举止符合职业规范和职业特点。只有这样，导游人员才能在游客面前展现出良好的职业形象。下面介绍一些与职业礼仪和职业形象设计相关的知识。

一、仪容礼仪与仪容形象设计

正所谓“内正其心，外正其容”。仪容美是对导游人员的首要要求。干净、整洁的仪容是对他人的尊重，也是对自己的尊重。仪容美是内在美、自然美、修饰美的统一。它能体现一个人良好的精神面貌和对生活乐观、积极的态度。要想拥有良好的仪容，导游人员需要进行必要的修饰，需要养成讲卫生、爱清洁的好习惯。导游人员在进行仪容形象设计时需要注意以下几个方面。

(一)头发礼仪

头发礼仪主要包括四点：第一，应始终保持头发的清洁和整齐，要经常梳洗，保持头发光亮、顺滑、无头屑。第二，头发长短适宜，符合职业要求。第三，不梳怪异发型。女士最好盘发，以显得干净利落。第四，头发被吹乱后，应及时捋顺，但不可当众梳头，以免失礼。

☞**知识链接**

脸型与发型的搭配技巧

脸型是指面部的轮廓。脸的上半部是由上颌骨、颧骨、颞骨、额骨和顶骨构成的圆弧形结构，下半部脸型取决于下颌骨的形态。人的脸型一般分为圆脸型、方脸型、长脸型、鹅蛋脸等。

不同的脸型应匹配不同的发型。导游人员在进行发型设计时，最好能做到扬长避短。

圆脸型发型设计：圆脸型的人应该在头顶或两侧增加头发的高度，采用两边不对称的设计，以达到瘦脸的效果。例如，用前刘海盖住双耳及一部分脸颊，即可降低脸的圆度。又如，披肩中长发可以很好地修饰脸型，再搭配空气刘海，也能起到很好的瘦脸效果。

方脸型发型设计：方脸型的人应考虑如何修饰棱角分明的脸部线条。一般来说，应尽量使头发遮住额头，并将头发梳向两边及下颌，从而给人以脸部线条窄而柔和的感觉。可以把三七分的刘海少量夹到耳垂后，从而修饰有些刚硬的轮廓。

长脸型发型设计：长脸型的人应想办法缩短脸的长度，比较适合齐肩短发。齐肩短发再加上空气刘海可以适当缩短脸的长度，增添几分优雅气质。

鹅蛋脸发型设计：鹅蛋脸是较为理想的脸型。这种脸型的人可以选择的发型较多，一般的发型都可以驾驭。

(二)口腔礼仪

导游人员要经常开口说话，如果露出的是洁白的牙齿，会给人以美感。因此，应保持牙齿洁净，坚持饭后刷牙或漱口。工作时，切忌吃葱、蒜、韭菜等易留异味的食物，必要时可用口香糖或茶叶来减少口腔异味。

(三)面部礼仪

导游人员应保持面容清洁、有光泽。女士可施淡妆，但不要化浓妆，不当众化妆或补妆。男士应修剪鼻毛，不蓄须。不可在游客面前出现擤鼻涕、挖鼻孔等不雅动作。

(四)手部礼仪

导游人员应注意手部清洁，应及时修剪指甲，不留长指甲；指甲内不藏污纳垢；尽量不涂指甲油，女士也仅能涂无色指甲油。

二、仪表礼仪与仪表形象设计

仪表是指人的外表。良好的仪表是树立良好职业形象的基础和前提，是对游客的尊重。拥有良好的仪表，可以使导游人员心情放松、愉快，充满信心。在仪表方面，除了遵循TOP原则[TOP，即时间(Time)、场合(Occasion)、地点(Place)的缩写，意思是着装应该与当时的时间、所处的场合和地点相协调]外，导游人员还应该注意以下几个方面。

第一，着装符合职业特点，适合自己的气质和性格。正如英国的导游专家帕特里克·克伦教授所说的："穿着得体比浓妆艳抹更能表现出趣味的高雅和风度的含蓄。"导游人员应选择符合自己职业特点的服装，应按照景区(点)的相关规定统一着装。若景区(点)无明确规定，则以选择朴素、整洁、大方且便于行动的服装为宜。上班期间，所穿服装不可过于时尚、怪异或花哨，以免喧宾夺主，使游客产生不必要的反感。导游人员无论男女，所穿衣裤都应平整、挺括，特别要注意衣领、衣袖的干净。男导游不得穿无领汗衫或短裤。

☞ **实例分析**

××旅行社导游小吴，正值青春妙龄，长得亭亭玉立、楚楚动人。其家境颇为殷实，本人则好打扮，所穿服装总是紧跟时代潮流。有一次，小吴接了一个境外的旅游团，旅游团成员多为三十岁左右的女士。游览期间，小吴时尚前卫的“行头”格外惹眼，她虽然讲解得生动形象，且服务周到，但不知为什么，那些年轻的女性游客总不愿与她在一起。小吴有一种被冷落的感觉。

【分析】

该导游在上团时，装束与众不同，刻意修饰的外表，显得很刺眼，难以被游客接受。导游人员不能穿得过于时髦、惹眼、引人注目，也不能穿得太土气、懒散、不显眼。导游人员的着装要得体，符合职业特点，适合自己的气质和性格。

第二，男士不得赤脚穿凉鞋。女士可赤脚穿凉鞋，但应将趾甲修剪整齐。袜子应常换洗，不得带有异味。女士在夏季穿裙装时不可裸腿，需要穿肉色丝袜，且保证丝袜无脱丝、破损等现象，注意袜口不可露在裙边之外。

第三，进入室内，男士应摘下帽子，脱掉手套；女士的帽子、手套则可作为礼服的一部分允许在室内穿戴。无论男女，在室内都不可戴墨镜，如有眼疾非戴不可，则应向他人说明原因。

第四，身上所佩戴的饰物不宜过多，以不超过三件为宜。

三、仪态礼仪与仪态形象设计

(一)站姿

对导游人员站姿的基本要求是脊背挺直，线条舒展、优美，精神焕发。导游人员在直立时，身体重心线应在两腿中间向上穿过脊柱及头部，要防止重心偏左或偏右，将重心放在两个前脚掌上；眼睛要平视，挺胸、收腹；表情自然，双手自然下垂或在体前交叉，右手放在左手上，不可叉在腰间，也不可抱在胸前。女性在站立时有两种站法：一种是双脚呈“V”字形，双膝和两个脚后跟要靠紧。两脚张开的距离约为两拳。另一种是双脚并拢，或是把重心放在一只脚上，另一只脚超过前脚斜立而略弯曲，这种站姿自然优美。无论采用哪种站法，上身都要挺直，下巴要往内收，肩膀要放平，腹部要收紧，臀部不能翘起。男士在站立时，双脚与肩同宽，身体要挺直。站累时，脚可以向后撤半步，但不可把脚向前或向后伸得太多或叉开太大。向长辈、朋友、同事问候或做介绍时，不论是握手还是鞠躬，双足应并立，相距大约 10 厘米，膝盖要挺直。人在站立时有以下禁忌：忌无精打采或东倒西歪；忌双手叉在腰间或抱在胸前；忌将身体倚靠在墙上或以其他物品为支撑点；忌弓腰驼背，两肩一高一低；忌身体晃动，肩摆腿摇；忌将双手斜插裤兜；忌各种习惯性小动作。

(二)坐姿

对导游人员坐姿的基本要求是端庄、优美、大方。入座要轻盈、和缓、从容自如。从椅子的左边入座及从左边站立是一种礼仪。至少要坐满椅子的2/3。落座后要保持上身挺直；头平正，不可歪斜肩膀，含胸驼背。两臂可弯曲放于桌上或椅子扶手上，也可搁在双膝上。两腿间距和肩宽大致相等，两脚自然着地。不可将头向后仰靠。要移动椅子的位置时，应先把椅子放在应放的地方，然后再坐。就座后不能两手叉腰，不能两臂交叉在胸前或摊开在桌上。不能摆弄手指或茶杯，也不能做各种小动作。入座后不可摇摆双腿。不要将一只脚交叉到另一只脚上。无论男女，入座后两腿都不要分开太大，尤其是女性，穿裙子时可采用侧坐姿势，但在答礼时一定要正坐。

(三)走姿

对导游人员走姿的基本要求是轻松、有力且富有弹性。男性在走路时应昂首、闭口，两眼平视前方，挺胸收腹直腰。行走期间，上身不动，两肩不摇，步态稳健。女性在走路时应保持头部端正，不宜抬得过高，目光平和，直视前方。行走期间，上身自然挺直，收腹，两手前后摆动幅度要小，两腿尽量用力向上伸展(使自己显得下肢修长，有挺拔感)。步幅要小，步态要自如、匀称、轻柔。走路时有以下禁忌：忌在行进中摇头晃脑，左顾右盼；忌重心前倾，步态不稳；忌重心后坐，步态拖沓；忌脚尖内、外八字，身体晃动；忌交叉步态行进，上身肢体摇摆；忌手臂摆动僵硬，或双手紧贴裤缝。

(四)蹲姿

对导游人员蹲姿的基本要求是自然、大方、美观、端庄。下蹲时，两腿合力支撑身体，应使头、胸、膝关节在一个角度上，使蹲姿优美。若用右手捡拾物品，可以先走到物品的左边，右脚向后退半步后再蹲下来。脊背保持挺直，臀部向下，避免弯腰翘臀的姿势。男士两腿间可留有适当的缝隙，女士则要两腿并紧，穿旗袍或短裙时需更加留意，以免尴尬。女士可采用交叉式蹲姿，下蹲时右脚在前，左脚在后，右小腿垂直于地面，全脚着地，左膝由后面伸向右侧，左脚跟抬起，脚掌着地。两腿靠紧，合力支撑身体。臀部向下，上身稍前倾。女士还可采用高低式蹲姿，下蹲时右脚在前，左脚稍后，两腿靠紧向下蹲。右脚全脚着地，小腿基本垂直于地面，左脚跟抬起，脚掌着地。左膝低于右膝，左膝内侧靠于右小腿内侧，形成右膝高左膝低的姿态，臀部向下，基本上以左腿支撑身体。女士无论采用哪种蹲姿，都要将腿靠紧，臀部向下。切忌在弯腰捡拾物品时，两腿叉开，臀部向后撅起或者两腿展开平衡下蹲。

☞知识链接

导游人员交际礼仪的注意事项

一、尊重自己和他人

导游人员必须懂得自尊、自爱。不过，自尊不是虚荣，也不是清高自负。在人际交往中，导游人员既要尊重自己的人格和自主权，又要尊重他人的人格、意见和权益。只有这样，才能和他人和睦相处，并受到他人的尊重。

二、信任但不盲从

在人际交往中，导游人员应诚信待人，要"言必信，行必果"，时时按"合理而可能"的原则办事，不信口开河，行事果断但不草率。

三、谦虚但不虚伪

谦虚是一种美德、一种修养。谦虚的基础是坦诚。导游人员在与人交往时要谦虚。谦虚不是虚伪，更不是谄媚。

四、老练但不世故

老练是一个人成熟的标志。导游人员应该在最短的时间内让自己成熟起来，以应对各种突发事件。一个老练的导游在待人接物时能做到严肃、谨慎，但不拘谨、怯懦；能在适当场合展示自己，但不自我吹嘘、狂妄自大；在与人相处时落落大方，办事干练得体，但不圆滑世故。

五、宽容但不失原则

导游人员要用一颗宽容的心去对待游客，包容游客的小缺点，这样才能保证服务质量，但同时也要有自己的原则，对游客所提的过分要求要严词拒绝。

六、热情但有分寸

导游人员应本着热情、坦诚的原则与游客相处，说话办事要把握好分寸，不搞不正之风，不谋取私利，不违法乱纪。

四、交际礼仪与职业形象设计

(一)交谈礼仪

导游人员在与游客进行交谈时，应以游客为中心，本着尊重、热情、诚恳、亲切、宽容的原则，语言表达要得体、高雅、文明。要学会把握分寸，谦逊有礼，多给予游客肯定与赞誉，多使用征询的语气。注意五个不能：不能训斥别人；不能挖苦别人；不能纠正别人；不能随便质疑别人；不能随便补充别人的话。与游客的交谈内容应该是对方擅长的话题、时尚的话题或格调高雅的话题，不要涉及以下内容：非议党、国家和政府的言论；国家秘密和行业秘密；非议领导、同行、同事的言论；格调不高的话题；涉及个人隐私的话题。交谈时，不宜离游客太远或太近，以听清楚彼此说话声音的距离为准，一般保持1米左右的距离较合适。

(二)讲解礼仪

导游人员在讲解时应讲普通话，讲规范话，声音清晰、洪亮。讲解内容丰富、健康、规范。对于游客的提问或咨询，应耐心细致地解答，尽量做到有问必答；如果回答不了游客的问题，应向游客致以歉意，并表示等游客下次再来时给予满意回答。在讲解时要注意使用敬语，态度一定要诚恳、谦逊，如“请您随我参观”“请您抓紧时间，闭馆时间到了”“欢迎您下次再来”等。

(三)问候与致意礼仪

导游人员在遇到游客时应立即表示问候或致意。问候就是指说一些表示良好祝愿或欢迎的话。例如，“各位游客朋友们，大家好!”致意包括招手、微笑、点头示意等。在与游客第一次见面时导游人员可以表示问候，再见面时可以用微笑或点头示意。

(四)介绍礼仪

导游人员向游客行问候礼之后，一般要进行自我介绍。在自我介绍时一般要使用谦称。如若为他人做介绍时，一般是先将主人介绍给客人，将身份低的人、晚辈介绍给身份高的人或长辈，将男子介绍给女子。被介绍的双方应起立，长者可例外。

(五)称谓礼仪

称谓礼仪很重要，它会反映人与人之间的关系，显示出一个人的修养，在某种程度上反映了社会风尚。导游人员应正确使用称谓。若能在短时间内了解游客的身份，记住游客的姓名，并能在日常交往中正确地称呼他们，定会产生很好的交往效果。称谓一般可分为六种：一是职务称谓，即以其职务相称。二是姓名称谓，即以姓名加“同志”“先生”相称。三是一般称谓，即泛称某人为“先生”“女士”等。四是职业称谓，如“司机先生”“秘书小姐”。五是代词称谓，如“您”“他”等。六是亲昵称谓，是指亲属、好友间的称呼。导游人员在提供服务时，一般称男子为“先生”，称女子为“夫人”“太太”或“女士”。一般称谓前可冠以“姓”，如“林先生”“张太太”。称呼教授、医生、法官、律师时，可直接称其为“教授”“医生”等，或冠以“姓”，如杜教授、张律师等，或加上“先生”二字，如法官先生等。对军人，要称其“军衔”并加“一般称谓”，如上校先生、将军阁下等。对于有荣誉爵位的人，要称呼他们的爵位，或称“阁下”。对于地位高的人，可称他们为“阁下”，如“部长阁下”或“部长先生阁下”。对于王室成员，要尊称其为“女王陛下”或“陛下”、“亲王殿下”、“公主殿下”或“殿下”。

(六)见面礼仪

1. 握手礼

握手时，主人、身份高者、年长者、女子先伸手，以免对方尴尬；朋友、平辈间以先伸手为有礼；祝贺、谅解、宽慰对方时以主动伸手为有礼。行握手礼时，上身稍前倾，立正，目视对方，微笑，说问候语或敬语；握手时要摘帽、脱手套，女子和身份高者可例外；握手时不要将左手插在裤兜里，不要边握手边拍人家肩头，不要边握手边看别人或与他人打招呼，更不要低头哈腰；无特殊原因不用左手握手；多人在一起时避免交叉握手；长时间的握手表示亲热，双手握住对方的手以示尊敬，但一般是双方伸手握一下即可。

2. 鞠躬礼

鞠躬是中国、日本、韩国、朝鲜等国家传统的、普遍使用的一种礼节。鞠躬主要表达“弯身行礼，以示恭敬”的意思。行鞠躬礼时应立正，脱帽，微笑，目视受礼者，在标准站姿的基础上，男士双手自然下垂，贴放于身体两侧裤线处，女士的双手下垂搭放在腹前。行礼时腰部为轴，头、肩、上身保持挺直，顺势向前弯腰，鞠躬时眼睛朝下看。下弯的幅度可根据施礼对象或场合决定。平辈应还礼，长辈和上级欠身点头即算还礼。导游人员在行鞠躬礼时应面对游客，双脚并拢，视线由对方脸上落至自己的脚前1.5米处(15度礼)或脚前1米处(30度礼)。

3. 合掌礼

合掌礼是一种佛教礼仪，盛行于印度和东南亚信奉佛教的国家，在泰国尤胜。行礼时，施礼者双手略合拢并齐胸前，手掌稍向下倾斜，掌尖与鼻尖基本持平，微微低头。对长者，双手略举高，以示有礼，但指尖不能超过额头。在接待游客时，若对方行合掌礼，导游人员应以同样的形式还礼，但不主动向游客行合掌礼。

4. 拥抱接吻礼

拥抱接吻礼是一种盛行于欧美和阿拉伯国家的礼仪。一般情况下，父母子女间亲脸、亲额头，平辈亲友间贴面颊，亲人、熟人之间拥抱、亲脸、贴面颊。在公共场合，人们见面时会拥抱、亲吻，以示亲热，但有时只是一种礼节。关系亲近的女子间亲脸，男子之间拥抱，男女之间贴脸颊。晚辈亲长辈额头，长辈亲晚辈的脸或额头。对于身份高的女士，男子吻其手，以示尊敬。

见面礼还包括招手礼、拥抱礼、拱手礼、抱胸礼、脱帽礼、注目礼等。

☞**知识链接**

导游资格考试面试礼仪形象注意事项

一、注重等候礼仪与见面礼仪

等候面试期间，要耐心，保持安静。面试时一定要将手机等通信设备关机或设置成静音。进入面试考场时，开门关门尽量要轻，进门后不要用后手随手将门关上，应转过身去正对着门，用手轻轻将门合上。回过身来将上半身前倾30度左右，向面试官鞠躬行礼，面带微笑，向考官问好，要表现得彬彬有礼、大方得体，但是也不要过分殷勤、拘谨或过分谦让。

二、善于使用肢体语言

在面试中，恰当地使用肢体语言，将会产生事半功倍的效果。肢体语言主要包括姿态语(坐姿、走姿、站姿等)、手势语、目光语、身势语、面部语(微笑语)、服饰语等。仪表、姿态、神情、动作可被用来传递信息，它们在交谈中往往起着有声语言无法比拟的作用。肢体语言对于面试成败非常关键，有时一个眼神或者手势都会影响到整体评分。比如，适当微笑，就显现出一个人的乐观、豁达、自信。服饰的大方得体、不俗不妖，能反映出应聘者的学识和修养。它可以在考官眼中形成一道亮丽的风景线，从而增强应聘者的竞争力。

三、正确运用语言表达技巧

如果说外部形象是面试的第一张名片，那么语言就是第二张名片，它可以客观反映一个人的文化素质和内涵修养。在面试时要尽力做到以下几点：第一，语言要概括、简洁、有力，不要拖泥带水、主次不分。第二，要展示个性，使个人形象鲜明。第三，坚持以事实说话，少用虚词、感叹词之类。第四，要注意语言逻辑，介绍时应层次分明，重点突出，使自己的优势得以自然显露。第五，尽量不要用简称、方言、土语和口头语，以免对方听不懂。当不能回答某一问题时，应如实告诉对方，不能含糊其词、胡吹乱侃或者答非所问。

2019 年全国导游资格考试大纲

【自我学习】

一、判断题

1. 导游人员在带团时，可以在他人面前对镜化妆。(　　)

2. 导游人员在第一次亮相时应精神饱满、浓妆艳抹。(　　)

二、多选题

1. 导游人员的仪容礼仪主要包括(　　)等方面。

A. 面部礼仪　　B. 服饰礼仪

C. 头发礼仪　　D. 交谈礼仪

E. 口腔礼仪

2. 着装的“TOP”原则，指的是着装应(　　)。

A. 与时间相适应　B. 与身份相适应　C. 与地点相适应　D. 与场合相适应

3. 以下关于见面的说法中，正确的是(　　)。

A. 握手时，男士先伸手

B. 行鞠躬礼时，女士应将双手下垂搭放在腹前

C. 称呼地位高的人，可称他们为“阁下”

D. 在接待游客时，导游人员应主动向游客行合掌礼

三、实训题

仪容、仪表、仪态、交际礼仪训练。

任务 5 答案

【项目小结】

任务名称	知识目标、技能目标、素质目标
景区(点)导游职业道德养成	能讲述导游职业道德的基本要求与规范 具备良好的职业道德素养；能通过一定的途径提升个人职业道德素养 弘扬社会正能量，提升团队合作能力、问题分析能力
景区(点)导游职业心理素质养成	能复述心理素质的相关知识和旅游景区(点)导游职业心理素质的基本要求 能准确分析自身的心理素质，学会旅游景区(点)导游职业心理素质养成的方法 养成良好的旅游景区(点)导游职业心理素质，具备一定的思辨能力以及分析问题和解决问题的能力
景区(点)导游职业礼仪与形象设计	能复述职业礼仪与形象设计的相关知识 正确判断自身的礼仪素养，具备职业形象塑造能力 养成文明礼貌、知礼守礼、乐观向上、友爱团结的优秀品质

模块二　职业技能

【模块描述】

针对旅游景区(点)导游的职业能力要求，按照实际导游服务工作的基本任务和工作流程，我们设计了两个项目和10个任务。两个项目分别是职业基本能力训练和导游服务能力训练。职业基本能力训练包括景区(点)导游词创编、景区(点)导游语言表达、景区(点)游客投诉处理、景区(点)突发事件应急处置4个任务；导游服务能力训练包括景区(点)游览路线设计服务、致欢迎词和致欢送词服务、概况讲解服务、沿途讲解服务、不同类型景区(点)的讲解服务、景区(点)导购服务6个任务。

项目三　职业基本能力训练

【项目描述】

在学习景区(点)导游词创编、景区(点)导游语言表达、景区(点)游客投诉处理和景区(点)突发事件应急处置等相关知识的基础上，训练和提高导游词创编能力、语言表达能力、旅游投诉处理能力以及突发事件应急处置能力，从而提高从事景区(点)导游服务工作的基本职业能力。

>> 任务6　景区(点)导游词创编 <<

【任务描述】

学习导游词创编的相关理论，学会创编导游词；学会挖掘景区(点)的特色与价值，并在此基础上创编导游词。

【技能实训】

实训任务	创编一篇情境导游词(教师指定或学生自选)
实训目标	1. 知识目标：能复述导游词的基本结构及导游词中常用的修辞手法；能复述导游词创编的基本要求、注意事项、基本方法 2. 技能目标：学会创编导游词；能创编情境导游词 3. 素质目标：提高团队合作能力、工具书使用能力、查阅资料及资料处理能力、文字编写与文案处理能力、PPT 制作能力、总结与汇报能力
实训学时	建议 4 学时
实训地点	教室或导游实训室或景区(点)
实训条件	1. 校内实训室：学生用电脑、多媒体设备等 2. 校外实习基地：2～3 家旅游景区(点)
实训流程与标准	1. 分配学习小组，明确小组任务 2. 学习小组赴景区(点)参观，观摩导游讲解，构建景区(点)游览路线及重点游览内容框架 3. 查阅、调研景区(点)相关资料，创编导游词，形成初稿 4. 校内外实训指导教师审阅文本，提出修改意见 5. 学习小组修改稿件，制作 PPT 并进行汇报

续表

	6. 教师、学生对汇报结果进行考核评价 7. 学习小组再次修改稿件，提交最后成果
实训考核建议	1. 考核内容：态度＋纪律＋汇报＋导游词成稿 2. 考核方式：课堂 PPT 汇报 3. 考核主体：教师、学生、企业兼职教师

【理论知识】

导游词是导游人员引导游客观光游览时的讲解词，是导游人员同游客交流思想、向游客传播文化知识的工具，也是应用文体之一。导游人员必须学会创编导游词，这是实施讲解的基础，也是导游讲解能力提升的基本途径。导游人员应该自己创编、修改导游词，只有这样才能使导游词适合自己的讲解风格，形成自己的讲解特色，也才能取得良好的讲解效果。

一、导游词的基本结构

一篇完整的导游词一般由习惯用语、整体介绍和重点讲解三部分组成。

习惯用语，即游览前的欢迎词和游览结束时的欢送词等。随着大众旅游时代的到来，游客的旅行经验日渐丰富，他们追求更加自由、个性、多样化的旅游体验。因此，欢迎词和欢送词等习惯用语，也应该变得更加灵活，更加富有特色，只有这样才能真正达到导游人员与游客沟通和交流的目的。

整体介绍，即用概述法介绍旅游目的地。介绍内容一般包括旅游景区(点)的位置、范围、地位、意义、历史、现状和发展前景等。整体介绍的目的是帮助游客宏观地了解即将游览的对象，引发游客的游览兴趣。整体介绍的内容应根据时间、游客需求以及游客特点而定，可长可短，可详可略。

重点讲解，即对主要游览内容的详细讲述。讲解内容包括景区(点)的成因、历史传说、文化背景、审美功能等。重点讲解的目的是使游客对旅游目的地有一个全面、正确的认识。这部分是导游词最重要、最精彩的部分。导游人员一定要精心准备该部分的内容，突出景区(点)的特色和价值，向游客传播景区(点)所蕴含的文化，陶冶游客的情操，给游客留下深刻而难忘的印象。

二、导游词创编的基本要求

一篇优秀的导游词必须结构严谨，层次清晰，主次分明，文字流畅。导游人员只有在掌握丰富资料的基础上，经过科学系统的加工整理，并在实践中不断修改、丰富和完善，才能创编出具有自身讲解特色的导游词。除此之外，导游人员在创编导游词时还要注意满足以下基本要求。

第一，注重口语化。导游语言是一种生动形象、表达充分的口头语言，具有通俗易懂、亲切自然等特点。因此，在创编导游词时，导游人员需要对语音、词汇、语法、修辞等各方面做口语化处理。在语音方面，要善于利用重音、语调变化等手段，要注重音节[①]的恰当搭配和音步[②]的灵活调整，使语言节奏明快、和谐匀称、朗朗上口。在词汇方面，应该大量使用浅显易懂的基本词汇、常用词汇、口语词汇，以及一些为人们所熟悉的成语、惯用语、歇后语、谚语、格言警句，要避免使用晦涩难懂的书面语词汇或音节拗口的词汇。在语法方面，要灵活运用现代汉语的语法规则，体现出语法上的灵活性和变通性。在修辞方面，主要注意句式的选择，要多采用明快、简洁的短句、散句，同时还要处理好整句与散句[③]、长句与短句的关系，使它们错落有致，各尽其长。

第二，兼顾说明性与欣赏性。一篇优秀的导游词应该是综合性的，其中既可能涉及自然科学知识，如地质成因、动植物学知识等，又可能涉及社会科学知识，如宗教常识、哲学美学知识等，还可能涉及文学艺术知识，如建筑、绘画等。它会从多角度、多层面对景区(点)加以介绍，为游客呈现全方位的信息。因此，在创编导游词的时候，导游人员应尽量掌握大量的材料，巧妙运用各种引人入胜的方法，使导游词更具吸引力。

第三，突出趣味性。充满趣味性的导游词更容易吸引游客的注意力，达到更好的讲解效果。因此，在创编导游词的时候，导游人员一定要注意多运用生动形象和幽默风趣的语言，并恰当地运用比喻、比拟、夸张、象征等修辞手法，将静止的景观描绘为生动鲜活的画面，展示出游览对象的内在美，使游客沉醉其中。此外，还要善于编织故事情节，不失时机地穿插与游览对象有关的历史故事和民间传说，以激起游客的兴趣和好奇心。

第四，饱含情感。导游词中的语言应是文明、友好且富有人情味的语言，应让游客听起来“赏心悦耳”，备感亲切和温暖。因此，在创编导游词的时候，导游人员要本着“以人为本，游客至上”的原则，将游客看作朋友、亲人，多用富有人情味的语言，以沟通和游客的感情。

第五，注重思想性。导游人员可以向国内外游客宣扬古老的中华文明，介绍我国的壮丽河山和伟大创造，宣传中国特色社会主义建设的伟大成就，以帮助游客更

---

① 音节是从听觉上最容易分辨出来的最小的语音单位，由一个或几个音素组成，其中包含一个比较响亮的中心。一句话里头有几个响亮的中心就有几个音节。在汉语中，一般一个汉字就是一个音节。

② 音步是诗歌的节拍。节拍是由词决定的，一句诗由几个词构成就是几拍，而一句诗有几拍就有几音步。最常见的音步包括抑扬格、扬抑格、扬抑抑格、抑抑扬格和抑扬抑格。在汉语中，一个音节或者多个音节组合会形成“顿”，而顿就是音步。例如，劝君//更尽//一杯/酒，这些停顿则为音步。

③ 整句指结构相同或相似、形式匀称的句子；散句则是指结构不同、形式错落的句子。整句和散句是一组相对的概念。单个句子无所谓整散，许多句子组织在一起就有了整散的区别。从语言的交际功能看，散句是它的自然形态，也是基本形态。人们平时说话、写文章，主要用散句。整句则是一种修辞方式，是一种辅助形态。它除了在格律诗、快板诗、对口词等少数文艺形式中起主导作用外，一般都要与散句结合使用。

好地了解中国。因此，在创编导游词时，导游人员要注重思想性，要传播正能量，弘扬爱国主义精神，宣扬积极向上的价值观等。

第六，强调创新性。在创编导游词时，导游人员要做到四新，即新内容、新见解、新材料、新角度。要广泛收集材料，并认真阅读、分析、比较，去除糟粕，保留精华，从而使导游词充满新意，符合时代精神。

第七，注意张扬个性。这里所说的“个性”，是指特色和特点。导游词一定要凸显所描写景观的个性，即充分揭示其特色和价值。个性越鲜明的景观，其旅游价值越高。

第八，注意完整性、连贯性、层次性。一篇优秀的导游词应该具备完整的内容。导游词中的每句话、每个事情(件)、每个故事等都应该具有连贯性，需要上下文相互照应，需要有正常的逻辑顺序和先后次序，需要符合正常的思维习惯。导游人员在创编导游词时要能够做到条理清晰、层次分明、逐层递进。

第九，注意字词、语句的准确、严谨。卢延让在古诗《苦吟》中写道：“莫话诗中事，诗中难更无。吟安一个字，捻断数茎须。险觅天应闷，狂搜海亦枯。不同文赋易，为著者之乎。”可以想见，诗人为做出好诗需要付出多大的努力。导游人员在创编导游词时，要拿出这种精神，字斟句酌，用简练、形象、生动、准确、贴切的词语、句子来表达所要讲述的内容，做到合理搭配，使词语或句子符合口语表达习惯，必要时需仔细斟酌，对个别字句进行反复推敲，以便使导游词传达正确的信息，引起游客的共鸣与互动。同时，还要考虑所选用的字词、语句是否能够被游客所理解和接受，是否符合游客的思维习惯和理解水平。

三、导游词创编的注意事项

在创编导游词的时候，导游人员要注意选择鲜明的主题，建立层次分明的结构，理顺各部分之间的逻辑关系，同时要设计与游客交流和互动的环节。除此之外，还要注意以下几点。

第一，传奇而不传谣。一篇故事性强、富有传奇色彩的导游词的确会让游客听得津津有味，但导游人员应切记不可编造一些稀奇古怪、子虚乌有的故事，不可生搬硬套某个传说或观点，不可引用一些未经证实的消息、事件等。

第二，幽默而不低俗。一篇言辞幽默的导游词能给游客带来欢声笑语，创造一种其乐融融的氛围，但导游人员千万不可为了博取游客的欢心，在导游词内加入低俗的内容。

第三，避免千篇一律。正所谓“到什么山唱什么歌，见什么人说什么话”。游客来自世界各地，千差万别，因此导游词也要因人、因时、因需、因环境而异，要有针对性，切忌千篇一律。

第四，面面俱到且重点突出。每个景区(点)都有代表性的景观，每个景观又都有自己的特色。导游人员必须在面面俱到的前提下突出讲解重点。没有重点的导游词是不成功的。因此，导游人员必须在有限的时间内，把景区(点)的特色介绍给游客。

第五，通俗易懂但不失文学品味。导游词的语言应该是通俗易懂的，但导游人员可以有意识地引经据典，在导游词的关键位置得体地用上一两句诗词或名人名言，以提高导游词的文学品位。但切忌故弄玄虚，弄得满篇都是诗词名句，其结果定会适得其反。

四、导游词创编的基本方法

导游讲解的依据是导游词。因此，导游词的创编方法与导游的讲解方法是相辅相成、密不可分的。

下面介绍几种常用的导游词创编方法。

(一)虚实结合法

这里的"虚"是指民间传说、神话故事、趣闻逸事等，"实"是指客观存在的景物及其他实体、实物、史实、艺术价值等。在创编导游词时使用虚实结合法，就是把以上两个方面有机地穿插在一起。这种表达手法一般多用于介绍名胜古迹、园林景观。虚实结合法能够达到烘托气氛、增添情趣、引起游客共鸣和思考、使气氛变得轻松愉快的效果。但是，在运用虚实结合法的时候，导游人员要以"实"为主，以"虚"为辅。"虚"只是加深"实"的存在意义、强调其价值的一种手段。在虚实结合法的使用过程中，切忌胡编乱造、无中生有。典故、传说等的运用必须以客观存在的事物为依托，以增强讲解内容的可信度。

☞**案例**

辉腾锡勒是蒙古语，意为"寒冷的山梁"，当地人称之为"辉腾梁"。因为草原上的天然湖泊星罗棋布，所以这里又素有"九十九泉"的美称。传说1230年，窝阔台曾避暑于"九十九泉"。窝阔台是一代天骄成吉思汗(元太祖)的第三个儿子，是蒙古汗国开国大将，在辉腾锡勒有两处点将台。窝阔台同他的父亲一样是马背上的英主，率领的将士都是英勇善战的骑兵。由于久战沙场，将士们有受伤的，有腰腿痛的，个个脸上饱经风霜，虽年轻却满脸皱纹。将士们打仗猛于虎，但下战场后形象不佳，有损军威军容，这成了窝阔台的一块心病，于是他命令将士下"九十九泉"洗澡。常言道："南人会水，北人会马。"窝阔台的将士们绝大多数是北方人，骑马是他们的硬功夫、真本领，可是下湖洗澡玩水却成了一件难事。你推我，我推你，推来推去，谁也不肯第一个跳入湖中。一个聪明的士兵想出一个办法：10个士兵脱光衣服互相挽着臂膀，从湖边浅水畔慢慢走向深处。可是走着走着，这10个士兵突然就不见了踪影。湖边的将士急得团团转，每人捏着一把汗，谁也不敢下湖去救这10个士兵，只好望湖长叹。正当大家急得像热锅上的蚂蚁一样时，下湖的10个士兵却活生生、赤条条、水淋淋地从湖中走了出来，个个神清气爽。他们高声呼喊："下湖吧，湖里实在是太好玩了，真是浑身凉快。"只见他们原来满脸的皱纹都没有了，个个变得眉清目秀，英俊潇洒，精神饱满。他们在战争中所受的创伤也好了，腰腿也不痛了，尤其是心情也好了。于是将士们纷纷效仿，争先恐后地跳入湖中。自此，窝阔台的将士们个个变得神清气爽、视死如归，这支军队也变成了一支铁一般的文明之师。相传，自那以后，"九十九泉"便成了人们的天然浴池。在辉腾锡勒草原上放牛、放羊的人，几乎天天跳入湖中洗澡，以消除疲累和烦恼。

(二)巧设悬念法

巧设悬念法，即设疑法，是指在导游词的开头或中间提出问题、制造悬念、摆出矛盾，使游客产生一种期待心理，以激发他们的好奇心和关注度。巧设悬念法的特点是先将疑问"悬"在那里，然后"顾左右而言他"，故意不予理会，或做出种种猜想，过一段时间后，再解悬念，再"交底"。悬念设置贵在巧，巧于藏而不露，即设悬要根据讲解内容、讲解顺序的要求而定。如果脱离了这些，所设悬念就会显得虚假。而且，设置悬念要早，解除悬念要迟。早设悬，就能早吸引游客的注意力；迟解悬，就可以从容地讲解事件与人物，使讲解内容曲折变化、跌宕起伏。此外，悬念的运用既要符合生活规律，又要符合人们的思维规律，这样才会真切感人。如果所设置的悬念不合情理，就会让游客大倒胃口。

☞**案例**

大家现在看到的就是巴丹吉林园区，我们身后就是浩瀚的巴丹吉林沙漠。巴丹吉林沙漠总面积约 4.71 万平方千米，东西最长 270 千米，南北最宽 240 千米，是世界第四大沙漠、我国第三大沙漠。巴丹吉林沙漠有五绝，那么是哪五绝呢？下面大家就和我一起来逐一解开这五绝的神秘面纱吧……(在游览过程中逐一编写这五绝，解答开始所设置的悬疑。)

(三)问答法

问答法是指采用发问和回答的方式创编导游词。在创编导游词的时候，导游人员应根据不同的情况，有意识地创造一些情境，提出一些问题，以引起游客的注意，激起游客欲知某事怎样的强烈愿望，使游客由被动地听变成主动地问，使被讲解的景物在游客的脑海中留下清晰而深刻的印象，同时也可使讲解过程生动有趣，使导游与游客的关系更加和谐。这种方法一般适合在创编沿途讲解导游词时、与游客交谈时或介绍景点时使用。例如，在介绍景点资源和历史文化的时候，导游人员可以以问答的方式同游客进行交流。问答法主要分为自问自答法、我问客答法、客问我答法、客问客答法等。

☞**知识链接**

问答法的类型及主要作用

自问自答法，即导游人员提出问题、自己回答的方法。在讲解的时候，导游人员在提出问题后，应做适当停顿，给游客留下思考的时间，然后针对问题进行解答或讲解。这种方法通常适用于较难的、客人回答不出来的问题。导游人员使用这种方法是为了吸引游客的注意，让其知道接下来要讲解的内容是比较重要或关键的。

我问客答法，即导游人员提出问题、游客回答的方法。这种方法要求导游人员所提的问题要有不同的答案，游客不至于无话可说。在游客回答时，导游人员可适当诱导，但不要强迫游客回答，以免弄巧成拙，使游客尴尬或不愉快。不管游客是否答对，导游人员都应予以鼓励。

客问我答法，即游客提出问题、导游人员进行解答的方法。游客提问是一种求知的表现，导游人员应当认真倾听游客的提问并予以解答。导游人员应鼓励游客提问，这样可以减少导游人员的“独角戏”，促进游客与导游人员之间的交流。游客提出问题，表示他们对某一景物产生了兴趣。即使游客提出的问题是幼稚的、可笑的，导游人员也不能嘲笑他们，更不能显出不耐烦，而是要善于将提问和讲解有机地结合起来。导游人员要掌握主动权，不要让游客的提问干扰了自己的讲解，打乱了自己的安排，不能游客问什么就答什么，一般只回答一些与景点相关的问题。在引导游客提问时，导游人员要巧妙地设定范围。

客问客答法，即游客提问、导游人员引导其他游客回答的方法。当游客提出某一问题的时候，导游人员可以不立即作答，而是把这个问题转给其他游客，让其他游客来回答，这样能调动游客的积极性。

(四)幽默风趣法

幽默风趣的语言一般是机智、凝练的语言，是借助多种修辞手法进行的一种艺术表达。运用幽默风趣法可以使导游词富有感染力和趣味性，可以使导游人员与游客之间的关系更融洽，可以调节游客的情绪，可以帮助导游人员或游客摆脱尴尬或困境，可以在轻松愉快的氛围中给人以启迪。幽默风趣的语言在某种程度上来说是一种力量，当被运用得当时，就能给游客以信心和启发，使游客乐观向上、轻松愉快。

恰当使用幽默风趣的语言既需要一定的天赋，也需要一定的训练。在使用幽默风趣法时，导游人员要注意以下几点。

第一，把握正确的时机。如果在关键时刻，或者在特别尴尬的时候，导游人员能够恰如其分地使用幽默风趣的语言，不仅能瞬间缓解尴尬，给游客带来欢声笑语，还能提升自己的人格魅力。

第二，注意游客的文化层次。导游人员在使用幽默风趣法时要顾及游客的文化层次，要确保游客能够理解和接受，否则会让自己陷入尴尬的境地，弄巧成拙。

第三，不要取笑他人。导游人员可以使用自嘲的方式，但绝不可取笑他人，尤其是不要取笑心理上或生理上有缺陷的游客。

第四，不要重复或反复使用，不要预先“交底”，也不能自己先笑出来，要学会使用相声演员的表达技巧，即让别人笑，而自己却假装"一本正经"。

第五，不可使用黄色幽默。黄色幽默虽然有时候会博得游客一笑，但是会给游客一种低俗、粗鄙的感觉，会让游客心生不满或厌恶，从而失去对导游人员的好感和信任。

☞ **知识链接**

导游人员在讲解时使用幽默风趣法的作用

一、拉近关系

导游人员与游客大都是初次见面，互相比较生疏。为了使双方关系更融洽，给游客以信赖感和亲近感，导游人员会主动与游客交谈，有时讲了一大堆客套话，仍消除不了游客对导游人员"敬而远之"的陌生感，但有时只讲几句幽默风趣的话，却能收到良好的效果。例如，一位导游人员在与游客初次见面做自我介绍时说："初次为大家服务，我感到十分荣幸。我姓马，'老马识途'的马。今天，各位到我们这儿旅游，请放心好了，有我一马当先，什么事情都会马到成功！……"游客们都乐了，初次见面的拘谨感一扫而光，主客关系一下变得融洽起来。

二、调节情绪

在导游过程中，导游人员的幽默风趣的语言是一种兴奋剂，可以调节游客低落、恐慌、不安的情绪。例如，一架客机失事后的第二天，一批游客将飞往失事飞机的所在地，游客们都有一种恐惧、不安的情绪。候机时，大家都沉默寡言。这时，导游人员微笑着对大家说："请各位放心。我是大家的'护身符'，今天陪大家一同前往，保证一切顺利。请允许我在此向大家透露一个信息，我干了十多年导游，坐过无数次飞机，还没有一次'从天而降'的经历。"游客们一听，都笑了。可见，幽默而机智的宽慰，比生硬、笨拙的劝说有效得多，瞬间就给游客增添了精神力量。

在讲解时，幽默风趣的语言还能增添游兴。例如，一位导游人员陪同一批美国游客游长江三峡，在介绍神女峰时幽默地说："瞧，那就是神女峰。神女一般来说是羞于见外国人的。今天，她被各位朋友真挚的情谊所感动，特意现身与大家见面。上帝保佑，你们真幸运啊!"游客们都高兴得跳了起来。

三、摆脱窘境

在导游过程中，导游人员难免会陷入窘境。如果能随机应变，恰到好处地说出幽默风趣的话，就能摆脱窘境。例如，某旅行团要回国了，在道别时，他们请陪同的导游人员讲话。导游人员表示只讲两句，可一下讲了十来分钟。一位游客半开玩笑地说："先生，你说只讲两句，怎么讲了这么多?"一时，宾主都很尴尬。但这时，导游人员反应很快，他笑着说："开头一句，结尾一句，中间忽略不计，一共不是两句吗?"幽默、机智的语言，不仅把自己从窘境中解救出来，也把游客们逗乐了。

四、"寓教于乐"

在享受的同时获得一些知识，这是游客较普遍的旅游愿望。在导游过程中，导游人员用幽默风趣的语言进行讲解，能起到“寓教于乐”的作用。例如，一位导游人员在向一批日本游客讲游长城的注意事项时说：“长城地势险要，希望大家不要在城墙上跳跃，以免摔倒。另外，大家也不要头也不回、一股脑地往前走，一直走下去可就是丝绸之路了。有人走了两年才走到头，特别辛苦。”客人们听了都哈哈大笑起来。如果这位导游板着脸，严肃认真地宣布第一要如何、第二要如何，游客也许会置若罔闻，很难听进去。幽默风趣的语言更易于被游客接受。

（五）典故故事法

典故故事法是指在导游词中巧妙地穿插一些历史人物、历史典故、神话传说、民间传说、寓言故事，以实现抒情言志、引发联想、创新意境的目的。使用典故故事法不仅能够激发游客的游兴，使讲解内涵更加丰富，使讲解效果更加明显，还能够进一步加深游客的印象，引发游客的思考。典故故事法的使用能表现出导游人员典雅风趣、含蓄内敛、知识渊博的一面，也可以使导游人员的讲解语言更加精练简洁、通俗易懂。例如，在创编成吉思汗陵旅游区苏勒德祭坛的导游词时，导游人员就可以引用关于“成吉思汗哈日苏勒德”的传说。传说，成吉思汗在一次战争中失利后，万般无奈之下取下马鞍，朝天捧着，跪拜长生天，并大声疾呼：“长生天啊，救救我吧！”突然，空中一声巨响，一柄神矛降落在枝叶横生的大树上。成吉思汗命大将木华黎将它取下来，并许下诺言：“准备一千匹驿马护送，用一万只全羊供奉！”然后将从九九八十一匹枣骝公马身上剪下的马鬃编成缨子，将神矛装饰起来。一时来不及凑足一万只全羊，就用九九八十一只全羊供奉，并许下诺言，不足部分由长生天差下的苍狼到蒙古人的畜群里如数捕捉。从此，成吉思汗高举苏勒德，南征北战，所向无敌。成吉思汗去世后，后人在他的斡耳朵（宫帐）旁建立了苏勒德祭坛，并日夜守护，使苏勒德永远仰望苍天，与日月同辉。

导游人员在运用典故故事法时需要注意以下几点。

第一，要熟悉、掌握大量的国内外典故。导游人员要养成良好的学习习惯，不断充实和提高自己，避免创作时头脑空空、无典可用。典故、故事的来源如下：其一，民间故事、传说、神话、历史上的著名事件等。其二，一些历史书上或文学作品中的故事、人物。其三，经书上的故事、人物、礼仪等。导游人员可以根据典故、故事的来源，进行有目的、有针对性的学习。

第二，适量而用。大量的引经据典或者不断地讲故事，有时会让讲解内容显得虚假、空洞，给游客一种华而不实的感觉。导游词中的典故或故事过多有时会使讲解效果大打折扣。因此，导游人员在引经据典时要适度。

第三，要准确理解有关典故或故事的来源、含义和用法，避免用偏、用错，闹出笑话。例如，如果导游人员要使用“只许州官放火，不许百姓点灯”的典故，那么首先应该了解这个典故的来源与含义。陆游在《老学庵笔记・卷五》中写道：“田登作郡，自讳其名，触者必怒，吏卒多被鞭笞。于是举州皆谓灯为‘火’。值上元放灯，许人入州治游观，吏人遂书榜揭于市曰：‘本州依例放火三日。’”后来人们用“只许州官放火，不许百姓点灯”形容统治者为所欲为，却限制人民自由，亦泛指自己任意而为，反而严格要求别人。

第四，避免使用冷僻、晦涩的典故。冷僻、晦涩的典故往往不易引起游客的共鸣，无法使游客产生必要的联想，甚至用了还不如不用。因此，导游人员一定要避免使用游客听不懂或者因为不熟悉而失去聆听兴趣的典故。

(六)情景交融法

情景交融法是指导游人员在创编导游词时，追求情感和景物的和谐统一，使主观情感与客观景物相互渗透，达到景中有情、情以景显、情景交融的艺术效果。景是外在的，情是内在的。导游人员或触景生情，或因情设景，但都必须融情于景，使景中含情，如此才能达到情景交融的效果。

导游人员在使用情景交融法的时候需要注意以下几点。

第一，要寻找适合抒发感情的某一类景物。例如，为了抒发欢快之情，可以借助美好的景物。

第二，根据抒发感情的需要，可以先景后情，也可以先情后景。

第三，可以用夸张、比喻、拟人等修辞手法，把感情渗透于字里行间，融于景物描写之中，使一切景物都含情，使人感到“一切景语皆情语”。

第四，要尽可能地挖掘景物中所隐含的深层文化及其引申意义，培养自己与景物的情感，同时通过不同途径，尽可能了解客源地的景物与文化，寻找客源地与旅游目的地的文化关联，必要时还要了解游客的生活经历和情感世界，这样才能做到有针对性，引起游客的共鸣。

(七)巧用修辞法

在创编导游词的过程中，导游人员要适当运用一些修辞手法。修辞手法运用得当，能有效提高语言表达效果和现场讲解效果。例如，用排比反问等手法，可以增加抒情色彩或增强讲解气势；用比喻、比拟、类比等手法，可以把抽象、复杂、陌生的事物介绍得具体生动、通俗易懂；用夸张的手法介绍事物，可以激发游客的想象力，增强导游词的感染力；用引用等手法介绍自然景物、人文古迹等可以强化讲解效果，使游客更加信服。(详见“五、导游词中常用的修辞手法”)

(八)突出重点法

突出重点法是指导游人员在创编导游词的时候，突出讲解对象的某一方面，避免面面俱到。突出重点法能够起到轻重搭配、详略得当、重点突出的效果，能够给游客留下深刻的印象。

一般来讲，在创编导游词时，导游人员要突出讲解对象的以下几个方面。

第一，突出代表性。在讲解规模较大的景点时，不要面面俱到，要在简单概括景观全貌的基础上，重点讲解有代表性的景观。

第二，突出景点的特征或与众不同之处。例如，同为佛教寺院，其历史、宗派、规模、结构、建筑艺术、供奉的佛像各不相同，在创编导游词时应突出介绍其与众不同之处，以有效地吸引游客的注意力，避免使其产生雷同的感觉。

第三，突出"……之最"。面对某一景点，可根据实际情况加以介绍："这是世界(中国、某省、某市、某地)最大(最长、最古老、最高、最小)的……"例如，在介绍洛阳白马寺时，应突出其是中国最早的佛教寺院。但是，在突出"……之最"时，要有效划定"……之最"的范围，不可歪曲事实，以免弄巧成拙。

第四，突出游客感兴趣的内容。在接待不同的团队时，应该分析团队成员的特点及喜好，注意游客的职业和文化层次，有针对性地选择团队成员感兴趣的内容。

除了上述方法之外，比较常用的方法还有直接陈述法、引申发挥法、画龙点睛法、点线面结合法、分段编写法，等等。

五、导游词中常用的修辞手法

要想创编一篇优秀的导游词，不仅需要做到语言准确、逻辑清晰、内容丰富，还要注意运用恰当的修辞手法，对导游词进行艺术加工。只有这样，才能使讲解内容更加深刻，更能激发游客的兴趣，吸引游客的注意力。修辞手法的恰当使用可以使导游人员的创编水平更上一层楼。

汉语的修辞手法一共有 63 大类，78 小类。下面简单介绍导游词中常用的几种修辞手法。

(一)比喻

比喻，即用跟甲事物有相似之处的乙事物来描写或说明甲事物的修辞手法。比喻一般由三部分组成，即本体(被比喻的事物或情景)、喻体和比喻词(比喻关系的标志性词语)。在导游词中运用比喻修辞手法，能让道理更浅显易懂，使游客更容易接受；能借助其他类似事物把一些不好想象的东西加以具体的说明，令游客更加清楚明白；能使概括性的东西形象化，给游客留下深刻的印象；还能使要讲解的事物更加形象、生动，特点突出。

比喻可分为以下几种形式。

第一，明喻。本体、喻体都出现，二者中间用比喻词像、似、若、仿佛、犹如、宛如、像……一样、仿佛……似的、恰似等连接。常见形式是"甲像乙"。例如："昆明湖静得像一面镜子，绿得像一块碧玉。"

第二，暗喻。本体、喻体都出现，二者中间用比喻词是、变成、构成了等连接。典型形式是"甲变成乙"。例如："十个被鲜血浸泡的手指头肿得变成了大熊掌。"(杨沫，《青春之歌》)

第三，借喻。以喻体来代替本体，本体和喻词都不出现，直接把甲(本体)说成乙(喻体)。由于只有喻体出现，所以借喻能产生更加深厚、含蓄的表达效果，同时也使语言更加简洁。借喻的典型形式是“甲代乙”。例如：“大家看，一柄弯刀搁在夜空上。”(一柄弯刀＝月亮)

第四，博喻。连用几个喻体共同说明一个本体。博喻能加强语气、增添气势，能将事物的特征或事物的内涵从不同侧面、不同角度表现出来。博喻在绘景、摹声、写人、说理和抒情五个方面具有特殊的艺术功用。博喻运用得当，能给人留下深刻的印象。例如：“草原上的羊群，像绿毯上闪耀的颗颗珍珠，像大海上扬起的点点白帆，像湖面上盛开的朵朵莲花。”

第五，回喻。又名互喻，是一种先用喻体作本体，再用本体作喻体，互相设喻的比喻形式。它以“肯定—否定—肯定”相交错的形式构拟而成，具有“本体＋否定中介＋喻体”和“喻体＋否定中介＋本体”两种基本类型。例如：“远远的街灯明了，好像闪着无数的明星。天上的明星现了，好像点着无数的街灯。”(郭沫若，《天上的街市》)这种先用喻体作本体，再用本体作喻体，互相设喻的比喻形式，曲折有致，能够增强艺术感染力。又如：“那时候，矿洞里发出可怕的响声，像打雷一样，不，比打雷还可怕。”这是一种迂回曲折的比喻，它在提出喻体“打雷”之后，再否定喻体，最后又提出喻体。经过肯定、否定、再肯定，加强了比喻的鲜明性。再如：“老师用温柔的大手拉着我的小手，久久没有松开。我知道老师是在期待我的回答，我的誓言，我的进步。这，是一股暖流注入了我的心田！不，是一场春雨洒得我昂起了头。”这样平起肯定，陡然一抑又否定，又突起一场肯定，回环跌宕，使抒情淋漓尽致。

(二)设问和反问

导游人员是循游览路线层层展开导游词的，而且为增加现场感，多以第一人称的方式写作。在修辞方面，宜多用设问、反问等修辞手法。

设问是指为了引起别人的注意，故意先提出问题，然后自己回答。这是很多导游人员经常用到的一种修辞手法。设问能够引起游客注意，引发游客思考；能够使讲解的内容层次分明、结构紧凑；能够更好地描写人物的思想活动；能够加强语气，突出重点，表达导游人员的某种情感。例如：“整个建筑造型为什么是‘山’字形呢？因为它就像天神之力劈开通道的大山，象征着成吉思汗开天辟地、气壮山河的英雄气概，也象征着蒙古民族走出草原、创造文明的壮举。”(成吉思汗陵旅游区——气壮山河入口门景)

反问又称激问、反诘、诘问。反问是指用疑问形式表达确定的意思，用肯定形式反问表否定，用否定形式反问表肯定，只问不答，答案暗含在反问句中。反问能够加强语气，发人深思，激发游客的情感，加深游客的印象，增强讲解语言的气势和说服力。例如：“生而不死一千年，死而不倒一千年，倒而不朽一千年，三千年的胡杨，一亿年的历史。它不是‘沙漠中的英雄树’吗?”

(三)比拟

比拟是指把一个事物当作另外一个事物来描述、说明。比拟的修辞手法是将人比作物(拟物)，将物比作人(拟人)，或将甲物化为乙物。运用这种修辞手法能收到特有的修辞效果，或增添特有的情味，或把事物描述得神形毕现、栩栩如生。在描述景物或讲解故事传说时，导游人员常用比拟的手法。

导游词中经常使用拟人的修辞手法，如“成吉思汗塑像守望着这片美丽的草原”；也经常使用拟物的修辞手法，如“蒙古族姑娘插上了金色的翅膀，在辽阔的草原上飞翔”。

在运用比拟这一修辞手法时，导游人员要注意三点：一要符合事物的特征，不能牵强附会；二要表达恰当、贴切；三要注意使用场合。

(四)排比

排比是把结构相同或相似、意思密切相关、语气一致的词语或句子成串排列的一种修辞手法。在创编导游词时，导游人员可以利用意义相关或相近、结构相同或相似、语气相同或相似的词组、句子(三句或三句以上)或并排段落(两段即可)，达到一种加强语气的效果。排比能够更加突出讲解的中心思想，能够使讲解语言更加有节奏感，更加朗朗上口，能够使表达更加有说服力、有气势。

用排比来说理，可以呈现出条理分明的效果。例如：“朋友们，我们一定要热爱读书。因为书是钥匙，能开启智慧之门；书是良药，能治疗愚昧之症；书是肥料，能生出梦想之花。”

用排比来抒情，能使节奏和谐，显得感情洋溢。例如：“好了，我的讲解就到这里。临别前送大家几句话：如果一滴水代表一个祝福，我送你一片海洋；如果一颗星代表一份快乐，我送你一条银河；如果一棵树代表一缕思念，我送你一片森林。”

用排比来叙事、写景，能使层次清晰，内容细腻、生动。例如：“康巴什区位于鄂尔多斯市中南部，蒙古语意为‘康老师’。它是一座美丽的城，一座独具魅力的城，一座文化底蕴深厚的城，一座让游客们终生难忘的城。”

(五)夸张

夸张是运用丰富的想象力，在客观事实的基础上有目的地放大或缩小事物的形象、特征，以增强表达效果的修辞手法，也叫夸饰或铺张。在创编导游词的时候，为了达到某种表达效果，导游人员需要用夸张的词语来形容事物，如特意夸大或缩小事物的形象、特征、作用、程度等，用言过其实的方法，突出事物的本质，或加强某种情感，以达到烘托气氛、激发游客的想象力、增强语言力量的目的。

扩大夸张是故意把客观事物说得“大、多、高、强、深……”的夸张形式。例如：“蜀道之难，难于上青天。”又如：“我们河套蜜瓜特别香甜，游客朋友们从几十里外就能闻到河套蜜瓜的香味。”

缩小夸张是故意把客观事物说得“小、少、低、弱、浅……”的夸张形式。例如：“从这里看出去，只能看到巴掌大的一块天地。”又如：“从沙峰上看下去，下边的骆驼像蚂蚁一样小。”

超前夸张是在时间上把后出现的事物提前一步的夸张形式。例如：“农民们说：‘看见这样鲜绿的麦苗，就嗅出白面包子的香味来了。’”

在运用夸张这一修辞手法的时候，导游人员要注意以下三点：第一，夸张不是浮夸，而是故意地、合理地夸大，所以不能失去话语的基础和根据。第二，夸张不能和事实描述距离过近，否则会令人分不清是在客观描述事实，还是在用夸张的修辞手法。第三，要注意文体特征，如科技说明文、说理性文章中就很少用甚至不用夸张的修辞手法，以免歪曲事实。

(六)引用

引用又称客观描述用典、引语、事类、用事、援引等，就是把名言、史实、资料或诗词、典故、熟语有选择地组织到导游词中。运用这种方法可以使语言简洁凝练、生动活泼，更具感染力。导游人员在运用引用这一修辞手法时，既要注意为我所用、恰到好处，又要注意不能断章取义，不要过多引用，更不能滥引。

引用有以下几种分类方式：

第一，根据所引用的语句是否指明了来历，可以分为明引和暗引两类。明引是指说明出处的引用。例如：“孔子曰：‘三人行，必有我师焉。’”暗引是指不说明出处的引用。例如：“我们都知道：‘山不在高，有仙则名。水不在深，有龙则灵。’所以，大家可别小瞧了这里的山山水水。”“山不在高，有仙则名。水不在深，有龙则灵”引自唐朝刘禹锡的《陋室铭》，这一点导游人员并未在导游词中交代，因此是暗引。

第二，根据所引用的语句是否被改动，可以分为直接引用和间接引用两类。直接引用又称“直引”，就是在引用时，不加改动，照录原话，同原话和作者的本意是一致的，可以是明引，也可以是暗引，所引用的语句一般加引号。例如：“荔枝不耐储藏，正如白居易所说的：‘一日而色变，二日而香变，三日而味变，四五日外，色香味尽去矣。’”间接引用又称“变引”，就是在引用原话时，不照录原话，而是对原话有所改动，可以是明引，也可以是暗引，所引用的语句一般不加引号，这一点和直接引用相对。例如：“我国历代作家常将‘意则期多，字则唯少’作为写文章的准则，力求‘句句无余字，篇中无长话’。”

第三，根据所引用的语句与原话的意义关系，可以分为正用、反用、借用三类。

正用是指引用者对所引用的语句持肯定的态度，它用于引文与原文意思一致的场合。正用一般是用来印证自己的观点，表达自己的思想感情。它既可以是明引，也可以是暗引。例如：“面对敌人的威逼利诱，他慨然说道：‘大丈夫“富贵不能淫，贫贱不能移，威武不能屈”，要杀要剐随你们。’”

反用是指引用者对所引用的语句持否定的态度，即所使用的意思与原来的意思是相反的，以达到标新立异的效果，或起到讽刺的作用。反用从形式上还可以分为三类。第一类是照录原文，然后对原文加以否定或修正。例如：“孔子曰：‘唯女子与小人为难养也，近之则不逊，远之则怨。’女子与小人归在一类里，但不知道是否也包括了他的母亲。后来的道学先生们，对于母亲，表面上总算是敬重的了，然而虽然如此，中国的为母的女性，还受着自己儿子以外的一切男性的蔑视。”（鲁迅，《南腔北调集·关于妇女解放》）第二类是直接改动原文，使本文所用的意思与原文相反。例如：“沐芳莫弹冠，浴兰莫振衣。处世忌太洁，至人贵藏晖。”（唐·李白，《沐浴子》）《楚辞·渔父》中有“新沐者必弹冠，新浴者必振衣”的句子。再看李白这首诗，很明显用了反用的手法，将“必”直接改成了“莫”，语意正好相反。第三类是引出原文的大意，然后再提出异议。例如：“哦，我的剑要归寝了！我不要学轻佻的李将军，拿他的兵器去射老虎，其实只射着一块僵冷的顽石。哦，我的剑要归寝了！我也不要学迂腐的李翰林，拿他的兵器去割流水，一壁割着，一壁水又流着。哦，我的兵器只要韬藏，我的兵器只要酣睡。我的兵器不要斩芟奸横，我知道奸横是僵冷的顽石一堆；我的兵器也不要割着愁苦，我知道愁苦是割不断的流水。哦，我的大功告成了！让我的宝剑归寝了！我岂似滑头的汉高祖，拿宝剑斫死了一条白蛇，因此造一个谣言，就骗到了一个天下？”（闻一多，《剑匣》）

借用有两种。一种又称“改用”，就是原文的本意与所要表达的意义既不相同、相似，也不相反、相对，只是在某一方面有相关性。借用能够起到推陈出新、增强生动性、产生幽默风趣感的效果，也可引起游客对故事的联想。例如：“古今之成大事业、大学问者，必经过三种之境界。‘昨夜西风凋碧树，独上高楼，望尽天涯路’，此第一境也。‘衣带渐宽终不悔，为伊消得人憔悴’，此第二境也。‘众里寻他千百度，蓦然回首，那人却在，灯火阑珊处’，此第三境也。（王国维，《人间词话》）”这里分别借用了晏殊的《蝶恋花》、柳永的《蝶恋花》和辛弃疾的《青玉案》中的诗句来形容三种不同的境界。另一种就是借用数学符号，组合成一个简单的公式，来表达复杂的思想内容。例如：“我们都知道：‘天才＝2％的灵感＋98％的汗水。’”（爱迪生）

第四，引用古籍中的故事或词句，为用典。用典时非常灵活，可以改变典故的叙述方式，扩充或缩减典故的内容，甚至增删典故的情节，只要确保能让人明白引用的是哪个典故、是什么意思、有什么意义就可以了。例如：“我们要怀揣‘大道之行也，天下为公’的政治理想和对未来社会的美好憧憬。”“大道”，政治上的最高理想，亦指放之四海而皆准的道理或真理；“天下”，特指天子统辖的区域；“公”，按

导游词创作与“缩距”法

东汉经学家郑玄的解释，即“共”的意思。整句话的意思为：在大道施行的时候，天下是天下人所共有的天下。也就是说，不把国家当作一家一姓的私有物。在这个理想社会里，“老有所终，壮有所用，幼有所长，鳏寡孤独废疾者皆有所养”。这就是所谓“大同世界”，它反映了以孔子为创始人的儒家学派的政治理想和对未来社会的憧憬。

【自我学习】

一、填空题

1. 一篇完整的导游词一般由习惯用语、整体介绍和(　　)三部分组成。

2. 导游词创作方法之虚实结合法中的“虚”是指(　　)、神话故事、趣闻逸事等，“实”是指客观存在的(　　)及其他实体、实物、史实、艺术价值等。

3. 问答法主要分为自问自答法、(　　)法、客问我答法、(　　)法等。

4. 典故故事法是指在导游词中巧妙地穿插一些历史人物、历史典故、神话传说、民间传说、寓言故事，以实现抒情言志、(　　)、创新意境的目的。

二、多选题

1. 使用幽默风趣法时，要注意(　　)。

A. 把握正确的时机　　B. 注意游客的文化层次

C. 不要取笑他人　　D. 不要重复或反复使用

E. 可适当使用黄色、黑色幽默

2. 情景交融法是指导游人员在创编导游词时(　　)。

A. 追求情感和景物的和谐统一

B. 追求情感与物质的和谐统一

C. 达到景中有情、情以景显、情景交融的艺术效果

D. 使主观情感与客观景物相互渗透

E. 使主客观情感交融渗透

3. 突出重点法是指导游人员在创编导游词时要突出讲解对象的以下几个方面：(　　)。

A. 突出代表性

B. 突出自己感兴趣的内容

C. 突出景点的特征或与众不同之处

D. 突出“……之最”

E. 突出游客感兴趣的内容

三、简答题

1. 导游词创编的基本要求有哪些？

2. 导游词创编的注意事项有哪些？

3. 运用典故故事法需要注意哪些问题？

四、列举题

请列举导游词中常用的修辞手法。

任务 6 答案

>> 任务7 景区(点)导游语言表达 <<

【任务描述】

学习景区(点)导游语言表达的基本要求、基本原则、基本技巧以及景区(点)导游副语言表达技巧等相关知识，掌握景区(点)导游语言表达的基本功，并将相关知识运用到导游讲解服务实践中，力求做到讲解语言准确、规范、得体、生动，讲解方法与讲解技巧运用得当，从而为游客提供有针对性和个性化的导游讲解服务。

【技能实训】

实训任务	某景区(点)导游讲解服务(不少于10分钟)
实训目标	1. 知识目标：能够复述景区(点)导游语言表达的基本要求、基本原则、基本技巧等相关知识；能够复述景区(点)导游副语言表达技巧 2. 技能目标：具备景区(点)导游语言表达的基本功；熟练运用语言表达技巧和副语言表达技巧；能够为游客提供语言准确、规范、得体、生动的导游讲解服务 3. 素质目标：提高语言表达能力、学习能力和文化素养
实训学时	建议6学时
实训地点	教室、导游实训室或本地旅游景区(点)
实训条件	1. 校内实训室：学生用电脑、多媒体设备等 2. 校外实习基地：2～3家旅游景区(点)
实训流程与标准	1. 教师传授语言表达技巧等方面的知识，辅助学生训练语言表达基本功 2. 学生分成6个小组，分别搜集所选旅游景区(点)的资料，并创编导游词 3. 学生进行现场模拟讲解 4. 教师对学生的讲解进行考核、讲评
实训考核建议	1. 考核内容：导游词成稿＋模拟讲解 2. 考核方式：导游词缩写能力考核＋模拟讲解考核 3. 考核主体：教师、学生

【理论知识】

在引导游客观光游览和为游客提供其他服务的过程中，导游人员需要具备良好的语言表达能力。导游语言是一种具有丰富表达力且生动形象的口头语言，能够起到为游客进行导游讲解、传播知识、交流思想和沟通情感的作用，能够满足游客的求知需求、求解需求、求乐需求等，能够提升游客的旅游审美能力和旅游体验。

一、景区(点)导游语言表达的基本要求

较高的语言表达能力是导游人员最重要的基本功之一，也是导游服务过程中的重要工具。伽达默尔在《真理与方法》中称：“可以被领悟的存在就是语言。”导游语言就是游客领悟世界的重要途径。

导游语言是一门活的艺术，它没有固定的格式，其基本要求如下。

(一)准确、适中

准确是指发音准确，口齿清晰，所说内容有根据、正确无误；适中是指音量大小合适，语速快慢相宜，音调抑扬顿挫。

(二)通俗、流畅

通俗要求导游人员多使用短句，避免使用冷僻、晦涩的词语，充分考虑游客的文化层次；流畅是指语言规范、清晰、顺畅，逻辑严密。

(三)生动、灵活

生动是指恰当地运用修辞，适当使用幽默风趣的语言等；灵活是指根据游客的特点及不同情境选择相应的语言表达方式。

二、景区(点)导游语言表达的基本原则

导游人员在运用导游语言时应遵循以下八个原则，分别是言之有物、言之有据、言之有理、言之有情、言之有礼、言之有趣、言之有神、言之有喻。这些被称作导游语言的“八要素”。“八要素”揭示了导游语言的运用原则，其中言之有物、言之有据体现了导游语言的知识性和科学性；言之有理体现了导游语言的思想性(亦称哲理性)；言之有情、言之有礼则是导游人员的道德修养在导游讲解中的具体体现；言之有趣、言之有神、言之有喻体现了导游语言的艺术性和趣味性。

(一)言之有物

言之有物是指所讲解的内容要充实、丰满，具有一定的知识性和特定的内涵。也就是说，导游人员应该以游客的求知需求为中心，以传播文化和审美知识为目的，用简洁、明快、达意的语言介绍参观对象。这就要求导游人员在讲解前做足“功课”，深入学习有关景区(点)的概况，如形成原因、历史文化、发展过程等各方面的知识，做到烂熟于胸、出口成章。导游人员也要依据景区(点)的特点、客观环境以及游客的文化层次和需求灵活改变所言之物，不能随意对付，而是要客观、准确地进行充分、完整、合理的讲解。

☞**实例分析**

我们现在所在的阿斯哈图石林位于赤峰市克什克腾旗。阿斯哈图是蒙古语，意思是“险峻的岩石”。它处于大兴安岭余脉向西部草原过渡的地带。大家看，这片草原上的群山基本上呈现出典型的丘陵地形的地貌特征。我们能看出这群山有什么特点吗？对，那就是山的四周非常险峻，但是山顶却起伏平缓。据专家分析，阿斯哈图石林主要是由冰川作用形成的。冰盖冰川在刨蚀、掘蚀和冰川融化时会形成大量的冰川融水。这片壮观的冰川石林便是在大量冰川融水的冲蚀作用下形成的。我们

能够看到，冰川石林在这起伏平缓的丘陵地带显得格外突出。

【分析】

这段内容着重介绍了景点的名字和冰川石林的形成原因，能够让游客从宏观上了解石林的大概情况。

（二）言之有据

言之有据是指所讲解的内容必须以事实为依据。导游人员要对所讲解的内容负责，不得言过其实、弄虚作假、胡编乱造、信口开河，也不能张冠李戴、移花接木。对于有多种解释和说法的事物，导游人员一般介绍主流的观点。即使是神话、传说等虚构的内容，也要有出处，有依托。那种违反“以事实为依据”原则的讲解，一旦被发现，便会使游客感到被嘲弄和被欺骗，导游人员在游客心目中的形象就会一落千丈，一系列不良后果也会随之出现。

（三）言之有理

俗话说：“导游全凭一张嘴，调动游客两条腿。”导游人员说话办事要讲究情理，讲清道理，以理服人，让游客觉得可亲可近、心服口服。在讲解过程中，导游人员要注意以事实为依据，讲清楚事情的来龙去脉、原因结果，使所讲内容既合乎逻辑，又符合人情事理。

（四）言之有情

导游人员要善于通过自己的语言、表情、神态等传情达意。充满激情、热情、温情、友情，富含感情和人情味的讲解更容易被游客接受。情感是人们对客观事物的态度体验及相应的行为反应。在生活中，人们常用“很愉快”“不愉快”等来形容自身的感受。这种感受的主观色彩和尺度的不同，决定了人的内心体验的不同。列夫·托尔斯泰认为，艺术感染力的深浅程度取决于三个条件：一是所传达的情感有多么独特；二是这种情感的传达有多么清晰；三是艺术家的真挚程度如何。可见，“独特”“清晰”“真挚”构成了感染力的三个重要因素。导游人员的语言是不同于生活语言的，是一种具有一定艺术特色和审美要求的语言，不仅要表达清晰，更要感情真挚。导游人员只有用真情、真心去对待游客，才能让游客有归属感和情感上的满足感。言之有情会让导游人员的讲解更富有人情味和艺术性。

☞**实例分析**

各位朋友，大家好！欢迎大家来到辉腾锡勒草原，我是导游员其其格。其其格在蒙古语中是“花儿”的意思，所以朋友们也可以叫我“小花儿”。无独有偶，辉腾锡勒也往往被当地人俗称为“黄花沟”。为什么叫黄花沟呢？因为在每年的七八月份，辉腾锡勒草原上都会盛开大片大片的油菜花。“油菜花开满地黄，丛间蝶舞蜜蜂忙”，黄花在绿草中飞舞，白云在蓝天中飘荡，还有草原深处的蒙古包、勒勒车，这些景物交相辉映，构成一幅动人的风景画。今天，就让小花儿带领大家去领略一下黄花沟的美景吧。同时，也祝福朋友们在旅途中有一份好心情。

【分析】

导游人员借助自己名字和景区(点)名称中的共同部分，进行颇有新意的自我介绍，同时又对景区(点)的独特风景进行了讲解，可谓“一箭双雕”。

(五)言之有礼

言之有礼是指讲解时的用语、动作、行为要文雅、谦恭，让游客获得美的享受和礼遇尊重之感。言之有礼是导游人员的道德修养在导游讲解中的具体体现。礼貌的语言会给游客带来亲切、温暖、愉快的感受，起到维护和改善人际关系的良好作用。在导游服务过程中，导游人员讲话时要礼貌文雅、谦虚恭敬，行为和动作要有礼有节，不仅让游客“赏心悦耳”，还要让游客“赏心悦目”。

(六)言之有趣

言之有趣是指讲解语言要生动形象、幽默风趣，要使游客在听讲解的过程中体会到一种美的享受和愉悦感。鉴于导游人员的工作性质，导游人员的语言与很多正式场合的语言是不同的。导游人员不能板着面孔进行讲解。机械、刻板、程式化的讲解服务不是优质的服务。导游人员应在语法正确、逻辑清晰的前提下巧妙运用语言技巧，达到令游客感到轻松愉快的讲解目的。双关、反语、比喻、夸张等修辞手法的使用可以增强讲解词的趣味性。此外，导游人员可以多学习相声演员的表演技巧，充分展现幽默风趣语言的魅力。

(七)言之有神

导游人员应努力做到言之有神、言必传神。言之有神是指导游人员要注意自己的精神面貌、气质、风度，在交际和讲解时要精神饱满，用声音传神；言必传神是指导游人员在交际和讲解时要讲究语言技巧，进行有声有色、引人入胜的讲解。

(八)言之有喻

言之有喻，是指导游人员在讲解时要适当地运用比喻的修辞手法，“以熟喻生”，让游客备感亲切，并尽快对陌生的事物变得熟悉起来。导游人员在讲解时要注意言辞恰当，避免“以生喻生”，让游客越听越糊涂。导游人员应结合游客的欣赏习惯，恰当地运用修辞手法，降低语言难度，提升景区(点)的形象，提高游客的游兴。

☞**实例分析**

第四纪冰川长期的精雕细琢，造就了阿斯哈图石林神秘、独特的自然风貌。阿斯哈图石林兼具华山之险、黄山之秀、泰山之雄。这里山连着山，峰连着峰，山山不同，峰峰各异。石林的形状也可谓千姿百态，有的像“石柱”“石丛”“石笋”，有的好似“石塔”“石墙”，还有的像“秀女望月”“比萨斜塔”。当地老百姓还给它们取了非常形象的名字，如成吉思汗拴马柱、神剑石、南天门、神女石、七仙女、姐妹石、书山，等等。

【分析】

这段讲解词充分运用了比拟、排比、比喻等修辞手法，不仅能让游客产生无限的遐想，还能让他们在轻松愉快的氛围里感受石林的美和壮观。

三、景区(点)导游语言表达的基本技巧

语言是人们进行交际、交流思想、传情达意的工具。俗话说：“一年拳，两年腿，三年才练一张嘴。”“台上一分钟，台下十年功。”可见，语言表达能力不是一朝一夕就能够练就的，除了坚持训练、勤于学习之外，还要掌握一定的技巧。语言是一门艺术，是艺术就会有技巧，因为艺术需要技巧。

语言表达方面有个著名的“73855”定律，又叫麦拉宾法则。这个定律是由美国心理学教授艾伯特·梅拉比安(Albert Mehrabian)提出来的。20 世纪 70 年代，他通过十年的系列研究，分析了口头信息和非口头信息的重要性，并得出了以下结论：人们对一个人的印象，只有 7%来自他所说的内容，有 38%来自他说话的语调，而 55%来自他的外形与肢体语言。也就是说，在人们进行言语交流的时候，55%的信息是通过视觉传达的，如表情、妆饰、肢体语言、仪态等；38%的信息是通过听觉传达的，如语音、语调、语速等；只有 7%来自纯粹的语言表达。由此可见，导游人员除了要重视讲解内容之外，还要特别注意语音、语调、语速、个人形象及肢体语言。总之，导游人员在讲解时应做到语气亲切、语调柔和、语速适中、音量适中、重音适当、停连得当、节奏相宜。

下面从七个方面介绍基本的语言表达技巧。

(一)语气

语气是指在一定思想感情支配下的具体语句的声音形式，表现出说话人对所讲内容的态度。相对于书面语而言，有声语言具有明显的优势，因为它有直接可感性。“音有万态之殊”，究其原因是语气的不同。对于“语气”一词，《辞海》中的解释是：“通过一定的语法形式表示说话人对行为动作的态度。”《现代汉语词典》中对“语气”的解释是：“说话的口气；表示陈述、疑问、祈使、感叹等分别的语法范畴。”由于情感要求、环境氛围、游客群体、游客状态等方面的不同，导游人员所表达的每一个语句必然呈现出具体的感情色彩和分量，并表现为千差万别的声音形式。语气的色彩和分量是语句的灵魂，但必须固定在一定的声音、气息的形式、形态中。语句中所包含的是非、爱憎方面不同程度的区别，也叫作分寸、火候。导游人员要具体把握其分量的差异，并在表达中用重度、中度、轻度加以区分。一般来说，语气

有四种形式，分别是陈述语气、疑问语气、祈使语气和感叹语气。

1. 陈述语气

陈述语气是指直接陈述事实，或肯定，或否定。单纯讲解某种事实、介绍某种事物或表示某种意见，一般都会用陈述语气。陈述语气有时也会带有某种感情色彩，末尾常接“了”“嘛”“啊”“呢”“吧”等语气词。例如：“大家现在看到的就是闻名中外的成吉思汗旅游区了。”

2. 疑问语气

疑问语气可分为无疑而问和有疑而问。

无疑而问就是常用的“反问”。反问是用疑问的形式表达陈述的内容，因此不要求对方回答。如果字面上是肯定的，那么意思就是否定的；如果字面上是否定的，那么意思就是肯定的。例如：“夕阳下的草原难道不美吗？”

有疑而问则包含三种形式，分别是是非问、特指问和选择问。

是非问语气和陈述语气相同，把陈述语气改用疑问句的语调，就变成了是非问语气。语气词可以用“吗”，不能用“呢”；可以用“的确”“真的”等词，不能用“到底”“究竟”等词。例如：“大家(真的)喜欢这里吗？”我们可以用“是的”“不是”“嗯”“哦”“好的”等来回答是非问。

特指问语气一般会有疑问代词指明疑问点。疑问点可以不止一个，语气词一般用“呢”，不用“吗”。例如：“这个纪念品，您想买给谁呢？”“大家会坐哪个交通工具到沙漠里去呢？”

选择问语气是指语言中出现几个并列项目，或这是一件事的正反两个方面，要求对方选定一种来回答。语气词用“呢”，不用“吗”。例如：“大家对蒙古族骑马、射箭、摔跤，哪一项更感兴趣呢？”

3. 祈使语气

祈使语气是表达命令、需要、劝告或请求的语气。祈使语气一般还用来表示禁止、许可或任何其他类的警告、劝告。祈使句可分为第二人称祈使句和第一、第三人称祈使句。例如：“大家请往这边走。”“这位小朋友请不要在水边乱跑。”“千万别在这里拍照。”

4. 感叹语气

感叹语气用于表达对事物、行为表示赞赏或否定，有强烈肯定或否定的感情色彩，如快乐、惊讶、悲哀、厌恶、恐惧，等等。例如：“今天的西湖真美啊！”“我太喜欢大家啦！”

不同的语气体现不同的思想感情。导游人员在工作中应多采用亲切、温和、真诚、热情、诚恳的语气。当然，语气的具体表达形式还要依据所讲内容而定。

(二)语调

语调是指语句的高低升降，是一个人讲话的腔调，即讲话时语音的高低起伏和升降变化。抑扬顿挫的语调往往具有音乐般的节奏感，使人愿意倾听。长期听同一种声调会让人感到厌倦和困乏。根据表示的语气和情感态度的不同，语调可分为四种类型：平调、升调、降调、曲折调。

平调：这种语调平稳舒缓，没有明显的升降变化，一般用于不带特殊感情的陈述、解释和说明中，还可表示庄重、严肃、悲痛、冷淡等情感。例如："呼和浩特旧称'归绥'。'归'是指'归化城'，'绥'是指'绥远城'。"(解释和说明)"1931 年 4 月 5 日，蒙古族传奇英雄嘎达梅林被张学良部杀害。"(严肃、悲痛)

升调：这种语调前低后高，语势上升，一般用来表示疑问、反问、惊讶、号召等语气。例如："您看过草原日出吗?"(疑问)"我们一定要在草原上纵马驰骋!"(号召)

降调：这种语调通常用来陈述事实，还可用于特殊疑问句中，常用来表示陈述、感叹、请求等语气。例如："草原是多么地壮美辽阔啊!"(感叹)

曲折调：语调弯曲，或先升后降，或先降后升，往往把需要突出的部分加重、拖长，并形成曲折。曲折调语气包括升降调语气(∧)和降升调(∨)语气。升降调语气前高后低，语势渐降，一般用于陈述句、感叹句、祈使句，表示肯定、感叹、自信、赞叹、祝福等情感。例如："多么美妙的景色啊!"降升调前低后高，语势渐升，常用来表示夸张、讽刺、厌恶、反语、怀疑等语气。例如："儿童都能爬到山顶，难道你不行?"

(三)语速

语速是指一个人讲话的快慢程度。导游人员在讲解或同游客谈话时，要力求做到徐疾有致、快慢相宜。如果导游人员语速过快，会使游客听起来感到吃力，甚至跟不上节奏，对讲解内容印象不深甚至很快遗忘。如果语速过慢，会使游客感到厌烦，注意力容易分散。如果一直用同一种语速，像背书一样，会使游客感到乏味、昏昏欲睡。导游讲解时较为理想的语速应该是每分钟 200 字左右。当然，导游人员应根据具体情况适当调整语速。譬如，面对中青年游客，导游讲解的速度可稍快些，而面对老年游客时则要适当放慢。讲解中涉及重要内容或需要特别强调的内容时，语速可适当放慢一些，以加深游客的印象，而对于那些不太重要的或众所周知的事情，则要适当加快讲解速度，以免浪费时间，令游客不快。

(四)音量

音量是指一个人讲话时声音的强弱程度。导游人员在讲解时要注意控制自己的音量，力求做到音量适中。一般来说，应以每位游客都能听清为宜。但在游览过程中，音量大小往往受到游客人数、讲解内容和所处环境的影响，导游人员应根据具体情况适当进行调节。譬如，当游客人数较多或处于室外嘈杂的环境中时，导游人员应适当提高音量。当讲到一些重要内容、注意事项时，导游人员也要提高音量，以提醒游客注意，加深游客的印象。

(五)重音

在语音学中，重音是相连的音节中某个音节发音突出的现象。重音有通过增加音强来表示的力重音和通过音高变化来表示的乐调重音。在语言表达的过程中，那些因语句目的、思想感情需要而得到强调的词或短语就是重音。导游人员在说话时要注意运用声音形式，着重强调想要突出的字、词、句。重音能够起到强调的作用，也能够让导游人员的讲解更清晰、更有目的性，还会使讲解过程更加生动。

一般来说，导游人员要善于捕捉言语中的重点词汇，掌握重音的位置，因为这些重点词汇就是传情达意的重要元素。例如，在"他坐过沙漠索道"这句话里，如果重音位置不一样，那所要传达的语音也会不一样。如果强调"谁做过沙漠索道"，那重音就是"他"。如果强调"他坐过什么交通工具"，那么重音就是"沙漠索道"。可见，重音位置不一样，意思和效果就会不同。这只是一个简单的句子，如果句子长了，导游人员搞不清楚重音位置，就会很容易把游客弄糊涂。

如何选择重音呢？重音是突出语句目的的中心词，传达了导游人员的中心思想。很显然，能表达这些意图的词句就是重音。对语句性质有重大影响的中心词，如"是"，或者"不是"，是根据语句的中心目的来确定的。一般来说，语句中的时间、地点、人名和展现逻辑关系的词等，就是一些常规重音。

怎样强调重音呢？重音就是突出。什么是突出呢？和其他内容表现方式的不同就是突出。突出重音时要把握好度，重音数量不能过多，所强调的幅度不能太大。如果强调幅度太大，会让人认为你在说反话，语意会发生改变。在正常表达中，我们也可以利用语速的变化、语气强弱的变化来突出重音。在确定重音和表达重音的时候，导游人员要以自然流畅、不生硬为标准，还要区分出主要重音和次要重音来。用合适的方法来表达，才能有好的效果。

(六)停连

人们在写文章的时候通常用标点符号来标明句读，以此来阐明作者的思想、观点。同样，人们在说话的时候，也需要有停顿和连接，因为人不可能一口气把所有想说的内容都说完，这不符合人的生理和心理特点，听者也不可能听懂和听好。因此，导游人员需要掌握语言的停连技巧。要想正确运用停连，首先要找准停连的位置。此外还应注意，停顿不宜太多，否则会使句子支离破碎。例如：

"下面我将带大家欣赏∧颐和园十七孔桥的美景。"这句话的停连属于呼应性停连。导游人员要厘清句子成分中哪个是"呼"、哪个是"应"，也就是要厘清语句的本意。"欣赏"是"呼"，"美景"是"应"，这是一呼一应。因此，一定要在"欣赏"后边停。

"服装上▲直的、斜的打折，∧利用▲纽扣、花边、花结▲对服装进行修饰……”这句话属于并列性停连，是由两个小并列句组成的句子。因此，在“直的、斜的打折”后边一定要停。再具体一点就是，要显示出小并列关系，还必须在“服装上”“利用”“花结”的后边停顿。

需要注意的是，在说话时，我们要灵活自然地进行停顿和连接，不可为了停连而停连。语言表达的一切技巧都应该以自然、适宜为目标。导游人员在表达过程中要遵循语法规则，做到抑扬顿挫，努力使自己的表达自然、流畅。

(七)节奏

四季的更迭、波涛的起落……世间的万事万物都有自身的节奏。“宇宙中的节奏不是人为的，它存在于统一的天体，存在于统一的宇宙，存在于统一的大自然，存在于生命本身。”①语言也有节奏。语言的节奏一般是从声音形式的强弱、起伏、快慢等方面的变化来归类的。通常，语言可以分为六种节奏类型：轻快型、凝重型、低沉型、高亢型、舒缓型、紧张型。比如，在进入圆明园遗址时，当讲解到英法联军“火烧圆明园”这一恶劣行径时，导游人员的语言节奏应该为凝重型或低沉型。

四、景区(点)导游副语言表达技巧

副语言指的是除语言之外的可以传递信息的手段，如面部表情、肢体动作、服饰、妆容等。在信息传递过程中，语言只占其中一部分，很多信息是通过副语言传递的。这也就意味着，导游人员在讲解过程中，如果能在姿态、手势、眼神、表情等方面表现得恰到好处，其讲解的感染力会大大增强。

尽管副语言的使用原则与要求会随着场景的不同而变化，但总体原则是自然大方、自如得体。

(一)姿态

姿态语是通过端坐、站立、行走的姿态来传递信息的一种态势语言。姿态具体可分为坐姿、站姿和走姿三种。

导游人员的坐姿要给游客一种温文尔雅的感觉。其基本要领是：上体自然挺直，两腿自然弯曲，双脚平落地上，臀部坐在椅子中央。男性一般可张开双腿，以显示其自信、豁达；女性一般两膝并拢，以显示其庄重、矜持。切忌前俯后仰、晃腿或跷二郎腿。

导游人员的站姿要给游客一种谦恭有礼的感觉。其基本要领是：头正目平，面带微笑，肩平挺胸，立腰收腹，两臂自然下垂，两膝并拢(女性)或分开与肩平(男性)。不要两手叉腰或把手插在裤兜里，更不要有怪异的动作，如耸肩、缩胸、摇

---

① 杜义芳：《艺术心理学教程》，8页，昆明，云南人民出版社，1990。

头、擤鼻子、掐胡子、舔嘴唇、拧领带，等等。导游人员在讲解时要挺胸抬头立腰，仪态端庄。导游人员在车内讲解时，应该站立并且面对游客，肩膀可适当倚靠车厢壁，也可用一只手扶着椅背。在实景讲解过程中，应停止行走，面对游客，把重心放在脚上，使身体保持平稳状态。

导游人员的走姿要给游客一种轻盈稳健的感觉。其基本要领是：行走时，上身自然挺直，立腰收腹，肩部放松，两臂自然前后摆动，身体的重心随着步伐前移，脚步要从容轻快、干净利落，目光要平稳，可用眼睛的余光(必要时可转身扭头)观察游客是否跟上。行走时，不要把手插在裤兜里。

(二)手势

手势语是通过手和手指的动作来传情达意的体态语言。不同的手势传递不同的信息，体现着人们的内心活动和对待他人的态度。手势动作的幅度大小、力度强弱、速度快慢、时间长短都是有讲究的，如果使用不当，很容易让游客感到不愉快或产生误解。

在讲解过程中，手势语的使用一定要规范和适度。导游人员使用最多的手势语是引导手势，如请游客进入景点，为游客指引方位、物品或做介绍等。使用引导手势的正确做法是：第一，要使用手掌，而不能仅用手指，因为用手指指点他人带有指挥、教训或指点之意，是不礼貌的行为。第二，要掌心向上，而不宜掌心向下，因为掌心向上且手指微曲，具有虚心、坦诚、尊重他人之意，而掌心向下则会让游客感到带有强制和命令的意味，不够坦率，缺乏诚意。另外，使用引导手势时一定要面带微笑，“言行并举”，给游客文雅大方的感觉。

导游人员在使用手势语时应该注意以下几点。

第一，避免手势过多、幅度过大或手舞足蹈，这样会给人轻浮的感觉。

第二，不可用手指指游客；伸出的手臂要与身体呈45度角。

第三，不要出现以下一些错误手势，如端起双臂，双手抱头，摆弄手指，手插裤兜，十指交叉，双手叉腰，随意摆手，指指点点，搔首弄姿等。尤其在讲解过程中，用手习惯性地抚摸头、鼻子、嘴、眼镜等动作，往往会给游客以不卫生的感觉。

第四，要注意不可乱用手势，因为同一种手势，在不同的国家、地区，往往会有不同的含义。例如，竖起大拇指，在大多数国家表示“好”“称赞”之意，而在欧洲国家则表示“请求搭车”，在日本指“男性”，在澳大利亚却是一种粗野的动作。还有敲额头以及“V”形、“OK”等手势，在不同的国家有不同的含义，所以在接待外宾时应当格外留神，最好事先了解清楚游客所在国家的风俗习惯与禁忌，以免产生误会，甚至酿成大错。

总之，手势要与眼神、表情、姿态协调统一。

(三)眼神

眼神是人与人的“视觉交往”。眼神语是通过人与人之间的视线接触来传递信息的一种态势语言。艺术大师达·芬奇说：“眼睛是心灵的窗户。”这句话的意思是说透过人的眼睛，我们可以看到他的内心情感。

眼神主要由瞳孔变化、目光接触的长度及向度三个方面组成。瞳孔变化是指瞳孔的放大或缩小。一般来说，当一个人处于愉悦状态时，瞳孔就自然放大，目光有神；反之，当一个人处于沮丧状态时，瞳孔就自然缩小，目光暗淡。目光接触的长度是指目光接触时间的长短。导游人员注视游客的时间一般应控制在1～2秒，以免引起游客的误解或反感。目光接触的向度是指视线接触的方向。一般来说，人的视线向上(即仰视)表示“期待”“盼望”“傲慢”等含义，视线向下(即俯视)则表示“爱护”“宽容”“轻视”等含义，而视线平行(即正视)则表示“理性”“平等”等含义。导游人员一般应正视游客，让游客从中感受到坦诚、亲切和友好。

(四)表情

表情语是指通过人的眉、眼、耳、鼻、口及面部肌肉运动来表达情感和传递信息的一种态势语言。导游人员的面部表情应该给游客以松弛、自然之感，额头应自然平滑，目光应柔和诚挚，面部两侧笑肌应略有收缩，下唇方肌和口轮肌应处于自然放松的状态，嘴唇微闭。这样的表情更容易使游客产生亲切感。

人们常说：“微笑是最美的语言。”导游人员的微笑应给游客一种明朗、甜美的感觉。那么究竟该如何微笑呢？人的颧骨的位置有一块肌肉组织叫颧肌(也叫笑肌)。人在说话时应该把颧肌提起来。颧肌提起时，口腔前部有向上抬起扩张的感觉，鼻孔略有扩大，上唇紧贴齿面。提颧肌不仅对整个面部的表情有美化作用，而且对提高声音的亮度和字音的清晰度有明显作用。

(五)日常化妆和服装要求

化妆是导游人员必备的一项技能。化妆是指运用色彩原理产生的视错觉调整面容和外形给人的视觉形象，达到发扬本人面容优点、弥补或掩盖缺陷的目的。导游人员的妆容要达到以下要求：清新大方、五官端正、轮廓鲜明，精心修饰而又不露痕迹，给人以清爽、明快、自然的视觉效果。像烟熏妆那样夸张的妆容就不适合导游人员。

导游人员最好穿景区(点)定制的特色服饰或者工装，尽量不穿奇装异服。着装款式基本遵循“TOP”原则，即根据时间、场合和地点的不同对着装做出相应的调整。除此之外，导游人员的着装还要与自己的体型、性别、年龄相符，与季节、气候相符，与旅游团类型或景区(点)特色相符。比如，历史纪念馆的讲解人员应着深色系服装，款式以简洁大方为宜；风景区的讲解人员则可以相对大胆地穿一些带有时尚元素或色彩鲜艳的服装。

五、景区(点)导游语言表达基本功训练

(一)声音弹性训练

声音弹性主要是指声音的可变性。这种变化通过声音的高与低、强与弱、实与虚、快与慢的结合来实现。其中，虚实结合最难把握。实声声音响亮扎实，常用于表达激动、紧张或兴奋的感情色彩。虚声(类似于说悄悄话时的用声状态)伴有呼气声，声音柔和，常用于表达神秘、亲切的感情色彩。导游人员在具体的语言表达过程中，应遵循以实声为主、虚声为辅的原则，用不同的音色表现不同景物的不同形象。例如："(实)这些树木有的挺拔，像威武的战士。(虚实之间)有的端庄，像文静的书生。(虚)有的娉婷多姿，像仙女一样。"

(二)气息支撑训练

在生活中，有的人说话时给人的感觉是有气无力，有的人说话时给人的感觉是气足声硬。要想拥有一个好的发声状态，最根本的是学会气息的使用。比较常见的呼吸方式有胸式呼吸法、腹式呼吸法和胸腹联合式呼吸法。正确发声状态的感觉是：声音像一条有弹性的带子，下端从小腹拉出，垂直向上，至口咽腔，沿着上腭中纵线前行，受口腔节制形成字音，字音好像被吸住挂在硬腭的前部，由上门齿背弹出，流动向前。掌握"力发于丹田"(丹田位于肚脐下三指的地方)的要领，可以使人的气息稳健。当你从丹田部位发出"嘿"的声音时，你会感觉腹部变硬。为了获得"丹田之气"，在日常生活中我们需要多做一些强化腹部肌肉的训练，如模仿小狗喘气或闻花香。具体训练步骤如下。

"狗喘气"：张开嘴，然后开始吸气、呼气，逐渐由慢到快，这时你就会感到你的小腹在随着气息塌下、鼓起，就像夏天天热时狗伸长了舌头在喘气。"狗喘气"练习由此得名。

闻花香：吸气时双肩放松，胸稍内含，腰腿挺直，像闻鲜花一样将气息吸入。要领为：气下沉，两肋开，横膈降，小腹收。坚持说绕口令不换气也可以强化腹部肌肉。例如，绕口令《数枣》："出东门，过大桥，大桥底下一树枣儿，拿着竿子去找枣儿，青的多，红的少。一个枣儿，两个枣儿，三个枣儿，四个枣儿，五个枣儿，六个枣儿，七个枣儿，八个枣儿，九个枣儿，十个枣儿，九个枣儿，八个枣儿，七个枣儿，六个枣儿，五个枣儿，四个枣儿，三个枣儿，两个枣儿，一个枣儿。这是一则绕口令，一气说完才算好。"

气息训练不是一朝一夕就能完成的，需要持之以恒。导游人员在讲解过程中很容易出现声音疲惫，甚至是声音干涩、嘶哑的状态，要想改变这些状态，还需从训练气息着手，因为气息是声音的原动力。

气息训练的方法

【自我学习】

一、填空题

1. 景区(点)导游语言表达的基本要求为(　　)、(　　)、(　　)。

2. 景区(点)导游语言表达的基本原则为言之有物、(　　)、言之有理、(　　)、言之有礼、言之有趣、(　　)、(　　)。

二、判断题

1. 导游人员在讲解过程中可以任意表达副语言。(　　)

2. 要想拥有一个好的发声状态，最根本的是学会气息的使用。(　　)

三、简答题

景区(点)导游语言表达的基本技巧包括哪些方面的技巧?

四、实训题

请录制关于某景区(点)的五分钟导游讲解视频。

实训要求：讲解内容包括简单的欢迎语和欢送语(20～30 秒)、概况解说(1 分钟)；针对某一景点的重点解说不少于 3 分钟；恰当使用景区(点)导游语言表达技巧。

任务 7 答案

>> 任务 8　景区(点)游客投诉处理 <<

【任务描述】

学习景区(点)游客投诉的相关理论，分析游客投诉的原因及心理，学会游客投诉的处理原则及处理程序，学会妥善应对和处理不同类型的游客投诉事件。

【技能实训】

实训任务	设立特定情境，处理不同类型的游客投诉事件
实训目标	1. 知识目标：能够分析并阐述游客投诉的原因及心理；能够复述游客投诉的处理原则及处理程序 2. 技能目标：学会准确判断游客投诉的原因及心理，学会按照游客投诉处理原则和处理程序妥善处理游客投诉 3. 素质目标：提高分析问题、解决问题的能力；具备良好的职业道德和心理素质
实训学时	建议 4 学时
实训地点	教室或导游实训室
实训条件	1. 校内实训室：学生模拟演练应对处理游客投诉的设施及场地 2. 校外实习基地：2～3 家旅游景区(点)
实训流程与标准	1. 分配学习小组，明确小组任务 2. 学习小组亲赴景区游客服务中心的投诉处理部门进行实地考察 3. 听景区工作人员讲述处理景区投诉的真实案例 4. 分组主动与工作人员交流 5. 学习小组提交见习心得并总结出针对不同类型游客投诉的处理方案 6. 教师、学生对汇报结果进行考核评价
实训考核建议	1. 考核内容：态度＋纪律＋汇报＋成果 2. 考核方式：见习心得＋针对不同类型投诉的处理(文本方案) 3. 考核主体：教师、学生、企业兼职教师

【理论知识】

游客投诉是指游客因景区的产品或服务质量未能达到其期望值而产生不满并向景区或上级行政管理部门反映情况、检举问题、要求得到相应补偿的一种行为。游客投诉，在景区运营过程中经常发生。正确处理游客投诉，是提高景区游客美誉度的重要环节。

☞学与思

小投诉避免大隐患

某一风景区经过重新规划和建设，在景区内的小溪上新建了一座古朴别致的小竹桥，吸引了很多游客前去拍照留念。有一天，一位游客到投诉中心投诉，原因是他经过小桥的时候被一个突出的楔子绊倒，手被划伤，裤子被刮破，游客要求景区负责。

服务人员了解情况后，立即向游客道歉，并带他到景区医疗服务中心去接受治疗，同时派人去竹桥检查。原来由于游客过多，超过小桥的承载量，使得竹楔子突出，整个竹桥有些松动，如果再晚发现一些，很可能竹桥就会因不堪重负而断裂，引发更严重的后果。多亏这位游客的投诉，工作人员才发现这一隐患。管理人员马上决定赔偿游客损失，并给予游客物质奖励，同时对整个景区设施进行全面检查。从此该景区积极鼓励游客进行投诉，并认真对待游客的每一起投诉。因为他们知道，游客的投诉可以帮助他们发现隐藏的问题，避免事态的恶化。

【思考】

案例中的游客是否有些小题大做？为什么？景区管理人员鼓励游客投诉的目的是什么？

一、正确看待游客投诉

游客投诉意味着游客的某些需要没有得到满足，或者游客对景区的服务质量不满意。作为景区工作人员，我们不希望有游客提出投诉，但即便是久负盛名的景区也无法避免游客投诉。成功的景区善于把投诉的消极面转化成积极面，通过正确处理投诉来不断提升服务水平，改善服务质量，尽可能减少游客的投诉。我们要正确看待游客投诉，不仅要看到投诉对景区的消极影响，更重要的是抓住正确处理投诉带来的积极影响，变被动为主动，化消极为积极。

(一)游客投诉是信赖景区的行为体现

当景区的产品或服务质量没有达到游客的期望值时，受主客观因素的影响，不同游客的行为表现也有所不同，有些选择抱怨以排解愤懑，有些选择忍耐，有些选择投诉维权或反映问题……如果游客在受了委屈、有不满情绪后选择隐忍或抱怨，那只能表明游客对景区非常失望。反之，如果游客在遇到问题后选择向景区投诉，那说明游客是信赖景区的。因此，景区应以积极的态度应对和处理游客的投诉，继续践行景区值得信赖的服务理念，为游客提供便捷的投诉渠道和良好的投诉环境。

(二)游客投诉是补救服务过失、提升服务水平的机遇

没有游客投诉并不意味着景区在服务过程中没有错误或纰漏，游客可能会满载着失望回去向他的亲朋好友倾诉，或选择在公众媒体上宣泄，这无异于为景区做了负面宣传，会给景区带来严重的消极影响，让景区丧失获得有效意见、及时弥补过失的机会。因此，景区工作人员应树立这样的理念：游客的投诉能够帮助景区管理者及时发现服务中的疏忽并及时解决工作中出现的问题，以提升景区的服务质量，这是景区发展的机遇。

(三)游客投诉是景区提高游客忠诚度的良机

经调查统计，投诉获得圆满解决后愿意再度惠顾景区的游客占比高达82%。也就是说，迅速彻底补救服务过失，能够有效提升游客对景区的忠诚度。游客提出投诉，本就是建立在对景区信赖的基础之上的，如果此时景区能够热忱并及时有效地对待和处理游客的投诉，会让游客满意而归，并且更加信赖景区，同时在一定程度上帮助景区建立或巩固了良好的企业形象。

二、游客投诉原因及投诉心理分析

景区的服务内容丰富且涉及面广。为了提升游客的满意度，景区必须充分分析、了解游客可能会在哪些方面对景区进行投诉。对游客投诉的原因进行分析，有利于景区提前对可能存在的问题进行有针对性的改进，做到防患于未然。一般情况下，游客对景区投诉的原因主要包括以下方面：对景区工作人员的服务态度和服务技能感到不满，对景区提供的服务和产品感到不满，对景区的硬件设施及环境感到不满，游客因个人原因产生不满，由其他突发事件引发不满等。

(一)投诉原因分析

1. 对景区工作人员的服务态度和服务技能感到不满

第一，对服务态度感到不满。服务态度差具体表现为待客不主动、不热情、敷衍了事，对游客的询问置之不理或表现得不耐烦；在服务过程中动作粗鲁，语言缺乏礼貌甚至出言顶撞游客；不尊重游客的风俗习惯，不考虑游客的感受等。第二，对服务技能感到不满。服务技能不达标具体表现为对工作流程不熟悉，操作混乱，效率低下；账单金额出错，或张冠李戴记错账；寄放物品遗失、损坏或拿错；没有征求游客意见自作主张等。

2. 对景区提供的服务和产品感到不满

具体表现为景区门票太贵，重复购票，服务项目收费过高，随意宰客；景区内就餐环境卫生条件差，菜品质价不符；景区内所售商品质价不符，实物与样品存在极大差异；景区最佳景点被承包，拍照需另付费用；景区交通不通畅，乘车排队时间过长等。

3. 对景区的硬件设施及环境感到不满

具体表现为景区环境卫生条件差，给游客带来极大的不便；住宿条件简陋，设施设备破损或卫生不达标；景区周边交通混乱，致使出入停车极不方便；商业气息浓厚，小商小贩强买强卖；景区路标不明确，致使游客多走冤枉路；配套安全防护设施简陋，令人缺乏安全感等。

4. 游客因个人原因产生不满

第一，理想与现实的差距。游客在景区的体验与其预期有很大的差距。比如，景区宣传致使游客对景区抱有过高的期望，来到景区后发现与预期的差距过大，从而认为被欺骗或认为景区门票价位与景区内服务价值不匹配。

第二，希望通过投诉满足个人苛求。有些投诉经验丰富的游客熟知旅游景区的弱点及相关政策法规，他们利用景区服务与管理中存在的不足和景区不愿扩大不良影响的顾虑，希望通过投诉能够让景区做出较大让步，答应其苛刻的折扣要求。

第三，个人心情不佳，借题发挥。

5. 由其他突发事件引发不满

突发事件具体表现为游客不慎摔伤、财物被盗、意外死亡等。此类事件对景区的负面影响极大，因此景区要时刻做好安全防范工作，将出现此类事件的可能性降至最低，并在此基础上，学习掌握危机处理的方法技巧，尽力控制并减少此类事件对景区造成的负面影响。

(二)投诉心理分析

分析游客的投诉心理，有助于景区服务人员与管理人员有效处理游客投诉。游客投诉的心理主要表现为以下三种。

1. 要求被尊重

在投诉时，游客的求尊重心理非常突出，他们的目的就是找回尊严。他们认为自己的投诉是有理有据的，并且希望有关人员或相关部门高度重视他们的意见，判定他们的投诉是正确的。因对景区工作人员的服务态度不满而投诉的游客，会希望相关人员向他们表达歉意并且能够立即采取有效的处理措施。

2. 追求心理平衡

游客的旅游行为通常是怀着较高的期望进行的。在这个过程中，他们一旦碰到令他们感到不顺意的事，心里就会感到不平衡，认为自己不该受到这样的待遇。因此，投诉便成为他们发泄怒气和怨气的渠道。游客投诉源于他们对人的主体性和社会角色的认知。他们认为自己花钱来旅游是为了寻求美好的经历和体验，如果这种体验令自己不愉快，他们就应该选择用投诉的方式找回他们作为游客的正当权利。

3. 要求补偿

如果景区工作人员的失职行为或景区的失信行为，如工作人员的疏忽使游客没能乘坐已付费的景观车或使游客遭到意外伤害，门票内包含的表演项目或游览项目被取消，给游客带来精神上或物质上的伤害，游客就会通过投诉的方式要求有关部门进行物质补偿，这是一种正常且普遍的心理现象。对于由景区的服务性行为给游客造成的某些精神上的伤害，游客是有权利要求物质赔偿的。

☞**学与思**

2016 年 7 月 15 日，湖北省罗田县九资河工商所消保人员接到湖北省黄冈市工商局 12315 投诉举报指挥中心转来的投诉。消费者杨先生称其 5 月 1 日一行 7 人去某景区旅游，提前在网上预订了门票，但到该景区后，景区却以人满为由拒绝出票。杨先生要求景区退票，并且赔偿包括油费和误工费等在内的经济损失，被拒绝。杨先生向旅游部门多次反映，但一直得不到解决。收到投诉后，工商执法人员立即携带消费者的投诉材料向景区负责人询问核实，景区以“五一”假期游客爆满、人满为患为不可抗力，未取票不存在消费关系，法定假日安排不合理等理由，拒不赔偿损失。后经执法人员多次调解，双方达成调解协议，由景区无偿赠送消费者门票 7 张。

执法人员认为，该景区对消费者提出赔偿损失的要求多次无理由拒绝，这种行为涉嫌违反了《消费者权益保护法》第四十八条的相关规定。工商部门依法向当事人下达了责令改正通知书，限期当事人解决消费者的问题，同时也向当事人下发了协助查询通知书，限期提供相关材料，以解决消费者的问题。

【思考】

上述案例中体现出游客投诉的哪种心理？请查询相关资料，出具对“对于由景区的服务性行为给游客造成的某些精神上的伤害，游客是有权利要求物质赔偿的”的证明材料。

三、游客投诉的类型

只有弄清游客投诉的类型，才能正确找出游客投诉的原因，发现景区运行中的不足，才能有针对性地解决游客的投诉。根据游客投诉的内容，游客投诉可分为以下几类。

(一)对景区工作人员的投诉

1. 服务态度太差

第一，不回答游客的询问，或回答时不耐烦、敷衍了事、出言不逊。

第二，服务动作粗鲁，反应迟钝。

第三，不注重个人卫生，如将手放入杯中或盘中，点完钞票的手又去拿食品等。

第四，服务速度慢，或漠视游客意见，游客提出要求后久久不予回应。

第五，服务语言使用不当。

2. 服务技能有待提高

第一，工作程序混乱，效率低下。

第二，账单金额出错，记错账。

第三，寄放物品遗失、损坏或被拿错。

第四，不征求游客的意见，如强迫游客与不相识的人坐在一起，或者强迫客人坐不愿意坐的位子，住不愿意住的房间，乘不愿意乘的车等。

第五，漏点或错点游客人数。

(二)对景区的服务和产品的投诉

第一，价格投诉，如景区门票太高，特别是“园中园”“票中票”等问题，或者商品价格或服务项目收费过高、随意宰客等问题。

第二，饭菜质量太差，口味、卫生不能令游客满意。

第三，样品和游客所买商品不一致。

第四，最佳观景点被承包经营者占据，拍照得付额外费用等。

第五，寄存物品、租车、乘船等不方便，结账方式落后。

(三)对景区的硬件设施及环境的投诉

第一，缺乏卫生设施，或卫生设施条件太差，如厕所有异味等。

第二，住宿条件简陋，如桌面、椅子、毛巾、地毯、碗筷等破损或不卫生。

第三，没有与景区配套的娱乐项目，没有儿童、孕妇、老人、残疾人等专用的服务设施。

第四，因发生安全事故、意外事故，或者因治安状况太差，游客缺乏安全感。

第五，旅游环境差，如随意设置摊点，小贩穿梭其间，追客强行兜售等。

第六，运输工具少，运输工具内拥挤，交通秩序混乱，车辆无指定停放地点等。

四、游客投诉的处理

(一)投诉的处理原则

1. 真心诚意地解决问题

在接待投诉游客时，景区工作人员要学会换位思考，将心比心，理解游客的心情和处境，诚恳地协助游客解决问题。只有这样，才能赢得游客的信任，才能更好、更快地解决问题。

2. 不可与客人争辩

游客投诉时往往情绪比较激动，这时工作人员就更要注意自己的态度，要给游客申诉和解释的机会，争取控制住局面，切忌强词夺理，与游客争辩事情的对错与责任，应避免与游客发生正面冲突。

3. 维护企业利益不受损害

景区工作人员在解答游客投诉问题时要注意尊重客观事实，既不能推卸责任，也不能任意贬低其他部门或工作人员的工作，要合理维护景区的利益。

(二)投诉的处理程序

处理游客投诉时，工作人员要有足够的耐心和一定的沟通技巧。如果缺乏耐心和沟通技巧，那么在面对失去理智的游客时，工作人员容易把控不了局面，甚至使矛盾激化。这样不仅会让景区失去游客，还有可能使自己失去工作。因此，在处理投诉时，工作人员要有耐心，要倾听，要道歉，并积极地去解决问题。通常情况下，投诉的处理程序如下。

1. 主动沟通，认真倾听，诚恳道歉

工作人员在接到游客的口头投诉后，应引起高度重视，并迅速与游客进行沟通。要配合游客，适时地点头，保持眼神交流，表现出非常在意其情绪和投诉内容。面对情绪激动的游客，工作人员要冷静、理智，即使遇到言语过激或无理取闹的游客，也要在对方陈述时保持冷静，耐心倾听并正确理解游客讲的话，不要马上否定或辩解，更不要与游客发生争吵，切忌讲“你弄错了”“你别激动”“你不要喊”“你不要无理取闹”之类的话，要满足游客发泄“怨气”的心理需求，并表现出对游客的尊重。

无论游客投诉的问题是什么，工作人员都不要试图淡化事情的严重性。即使错误不是由工作人员造成的，此时此刻作为景区的代表，工作人员也要向游客道歉。这样做可以让游客感受到来自景区的诚意和尊重。发自内心的道歉，才能平息游客的怒火。表达歉意时可以说“非常抱歉，带给您这么大的麻烦”或“特别感谢您对景区提出的批评和建议”，但切忌说“这件事是我们疏忽大意了，但也不全是我们的错”等没有诚意且推卸责任的话。另外，不要过分纠缠细节，而要把游客的注意力引向如何解决问题上来。

2. 快速分析，提出服务补救措施与方案

在明确了游客投诉的问题之后，工作人员应迅速思考与分析，判断游客所投诉的问题是否真实存在，以及游客投诉的理由是否充分、合理。如果情况属实，工作人员要查明游客投诉的具体原因及造成游客投诉的具体责任人。如果情况不属实，可用委婉的方式答复游客，取得游客的谅解，消除误会。如果游客是因为不合理要求得不到满足而提出投诉，工作人员在充分了解情况后应认真向游客做出解释，并指出其要求的不合理性。不论谁对谁错，工作人员都要以积极的态度，公平、公正、合情、合理、合法地处理投诉。

在确定投诉成立需要提出解决方案时，工作人员既要站在景区的角度考虑，也要站在游客的角度考虑，能当场答复游客就当场答复，不要有意拖延，可提出多种方案供游客选择或参考。所提的方案一定要是双方都能接受的且能够兑现的，切忌对做不到的事提前做出承诺，更不要做出超越自己职权范围的事，必要时要及时给游客提供补偿性服务，如消费打折、送赠品等。如果不能立即做出答复，要将原因告知游客，恳请游客谅解，并约定解决的期限。对于无法解决的问题，要及时上报给可以解决的部门或领导并予以高度重视，尽快向游客答复，合理且有效地处理投诉。

3. 征求游客意见

提出投诉后，游客最关心的是景区将如何帮他解决问题。景区提出的处理方案不一定能使游客满意，因此在告知游客处理方案后，工作人员一定要询问游客的意见。如果游客接受方案，说明问题得以解决；如果游客不接受方案，工作人员则要征求游客的意见并在能力范围内尽量予以满足，以显示出景区希望解决问题的诚意。

4. 后续跟踪服务

游客离开景区之后，尽管投诉的问题得到了解决，但景区服务的失误还是会给游客留下阴影。因此，为了进一步抹去游客心中的阴影，维护良好的企业形象，工作人员要对曾经投诉的游客给予适当的关注。可以通过电话、电子邮件、信函等方式联络游客，进一步了解游客对处理方案的满意度。这样既能以诚意打动游客，提高游客的满意度，也加强了游客对景区的忠诚度，可谓一举多得。

5. 总结评价，建立档案

投诉处理工作结束后，景区有关部门要写出报告，总结整个投诉处理过程，并进行综合评价，了解游客投诉的具体原因，有针对性地提出改进对策，做好投诉案件的立档工作，吸取教训，不断改进，以提高服务质量和服务水平，降低投诉率。

《旅游投诉处理办法》

【自我学习】

一、填空题

1. 游客投诉的心理主要表现为(　　)、(　　)和(　　)的心理。

2. 投诉处理要遵循(　　)、(　　)和(　　)的原则。

二、选择题

游客总认为自己的意见是正确的，希望受到有关部门应有的重视，要求别人尊重他们的意见，向他们表示歉意，并立即采取行动，恰当地处理投诉。这反映了游客的(　　)心理。

A. 追求心理平衡　　B. 要求补偿　　C. 求发泄　　D. 要求被尊重

三、简答题

1. 如何正确看待游客投诉?

2. 一般情况下，游客投诉的主要原因有哪些？请举例说明。

3. 请简要阐述投诉的处理程序。

四、实训题

请自行设立特定情境，尝试处理不同类型的游客投诉事件。

(1)实训要求：学习小组亲赴景区游客服务中心的投诉处理部门进行实地考察；听景区工作人员讲述处理景区投诉的真实案例，并主动与工作人员进行交流；总结出针对不同类型游客投诉的处理方案。

(2)将全班同学进行分组，每组同学选择一家景区，通过调研了解该景区的投诉情况，分析其原因，统计该景区在处理投诉案例中取得的成绩和存在的问题，并收集相关数据和图文，形成汇报材料。

任务8答案

>> 任务9　景区(点)突发事件应急处置<<

【任务描述】

学习景区(点)突发事件的相关知识，学会应对突发事件的方法，并协助相关部门进行紧急处置。

【技能实训】

实训任务	景区(点)突发事件应急处置模拟训练(可拟定事件类型)
实训目标	1. 知识目标：能够复述景区(点)突发事件的特点、等级划分和类型；熟练掌握地震、泥石流等自然灾害的处置程序，交通事故、设施设备事故等灾难的处置程序，中暑、食物中毒等公共卫生事件的处置程序，盗窃、抢劫等刑事案件或治安案件的处置程序 2. 技能目标：具备景区(点)突发事件应急处置能力 3. 素质目标：具备应变能力、团队合作能力、协调和组织能力、安全救援能力
实训学时	建议4学时
实训地点	教室或导游实训室
实训条件	校内实训室：学生用电脑、多媒体设备等
实训流程与标准	1. 分配学习小组，明确小组任务 2. 学习小组选择某类景区(点)易发生的事故，搜集类似事故的相关案例或资料，并进行分析和整理 3. 模拟事故处置程序，撰写事故处置报告
实训考核建议	1. 考核内容：态度＋纪律＋汇报＋成果 2. 考核方式：课堂PPT汇报＋事故处置报告文本 3. 考核主体：教师、学生、企业兼职教师

【理论知识】

一、景区(点)突发事件

《旅游安全管理办法》

2016年12月1日实施的《旅游安全管理办法》中规定：旅游突发事件是指突然

发生，造成或者可能造成游客人身伤亡、财产损失，需要采取应急处置措施予以应对的自然灾害、事故灾难、公共卫生事件和社会安全事件。

(一)景区(点)突发事件的特点

1. 突发性

景区(点)突发事件往往在很短时间内、在毫无防备的状况下发生，其发生的时间、地点、危害程度等均无法提前预测，如火灾、抢劫等。这些突发事件如果得不到及时有效的控制，将会对游客的人身、财产安全造成严重损害，继而影响景区(点)的声誉和未来发展潜力。

2. 复杂性

一方面，引起景区(点)突发事件的原因复杂多样，包括人为因素、管理因素和不可控因素；另一方面，景区(点)内存在的大量人流、物流、信息流造成景区(点)安全管理的复杂性。另外，景区(点)突发事件的处置难度巨大，是一项任务复杂、责任重大的工作。

3. 广泛性

景区(点)突发事件广泛存在于景区(点)运营管理的各个环节中，贯穿游客在景区(点)活动的整个过程。无论是在景区(点)外咨询、购票，还是在景区(点)内游览、就餐、购物、乘坐交通工具等，都有可能发生突发事件。而景区(点)作为一个特殊的社会生产生活单元，涵盖了旅游活动的食、住、行、游、购、娱六个方面。也就是说，传统安全管理中各种类型的突发事件都有可能出现在景区(点)中，如自然灾害、机械事故、中毒中暑、高空坠落、溺亡等。

4. 潜在性

景区(点)突发事件的发生在很多情况下都非偶然，安全隐患或潜在威胁其实早已存在，只是未被发现或未受到重视，一旦达到临界点就会显现，酿成突发事故。景区(点)突发事件一旦发生，就成为过去。景区(点)工作人员如果不能真正了解发生突发事件的原因，或未采取有效的措施，类似的事件还会发生。

5. 可预防性

尽管引起景区(点)突发事件的因素是多方面的，但只要景区(点)建立起完善的突发事件管理体系和应急处置体系，充分利用现代化科学技术进行安全分析、监测和预判，提高工作人员和游客的安全意识，大部分突发事件是可以预防和避免的。

(二)景区(点)突发事件的等级划分

2016 年 12 月 1 日实施的《旅游安全管理办法》中规定：根据旅游突发事件的性质、危害程度、可控性以及造成或者可能造成的影响，旅游突发事件一般分为特别重大、重大、较大和一般四级。

特别重大旅游突发事件是指下列情形：造成或者可能造成人员死亡(含失踪)30人以上或者重伤100人以上；游客500人以上滞留超过24小时，并对当地生产生活秩序造成严重影响；其他在境内外产生特别重大影响，并对游客人身、财产安全造成特别重大威胁的事件。

重大旅游突发事件是指下列情形：造成或者可能造成人员死亡(含失踪)10人以上、30人以下或者重伤50人以上、100人以下；游客200人以上滞留超过24小时，对当地生产生活秩序造成较严重影响；其他在境内外产生重大影响，并对游客人身、财产安全造成重大威胁的事件。

较大旅游突发事件是指下列情形：造成或者可能造成人员死亡(含失踪)3人以上、10人以下或者重伤10人以上、50人以下；游客50人以上、200人以下滞留超过24小时，并对当地生产生活秩序造成较大影响；其他在境内外产生较大影响，并对游客人身、财产安全造成较大威胁的事件。

一般旅游突发事件是指下列情形：造成或者可能造成人员死亡(含失踪)3人以下或者重伤10人以下；游客50人以下滞留超过24小时，并对当地生产生活秩序造成一定影响；其他在境内外产生一定影响，并对游客人身、财产安全造成一定威胁的事件。

一般旅游突发事件上报至设区的市级旅游主管部门；较大旅游突发事件逐级上报至省级旅游主管部门；重大和特别重大旅游突发事件逐级上报至中华人民共和国国家旅游局(现中华人民共和国文化和旅游部)。

(三)景区(点)突发事件的类型

1. 景区(点)自然灾害

景区(点)自然灾害是指给景区(点)生存带来危害或损害景区(点)环境的自然现象。我国是一个自然灾害较多的国家，自然灾害对旅游业的影响也较大。景区(点)是一个地域综合体，可能面临的自然灾害主要包括山体滑坡、泥石流、地面塌陷、地震、火山等地质灾害，台风、暴雨(雪)、雷暴、冰雹、沙尘、严寒、酷暑等气象灾害，灾害性海浪、海啸、风暴潮等海洋灾害，以及生物病虫害等灾害类型。

2. 景区(点)事故灾难

景区(点)事故灾难包括发生在景区(点)内的交通安全事故、设施设备事故、火灾与爆炸、游客与野生动植物接触产生的危险等类型。其中，交通安全事故、设施设备事故是多发的事故类型。除了上述事故类型外，还包括其他一些特殊、意外的突发性事件，如大型旅游节庆活动事故、建筑物倒塌事故等。

景区(点)事故灾难具有多样性。不同类型景区(点)在不同季节、不同区域有不同的事故灾难分布特点，如森林景区(点)易发生森林火灾事故，主题公园易发生设施设备事故，山岳型景区(点)易发生交通运输事故，节庆活动期间易发生人群踩踏挤压事故。

3. 景区(点)公共卫生事件

景区(点)公共卫生事件主要是指在景区(点)内发生的突发性重大传染病、群体性不明原因疾病、重大食物中毒以及其他严重影响公众健康和生命安全的事件。其中，因为游客个人原因引起的突发性生理疾病也是常见的卫生事件类型。游客的突发性生理疾病主要包括中暑、食物中毒、其他突发性疾病等，通常是由游客在旅途中过度劳累、水土不服、饮食不当或天气骤然变化等原因引起的，严重的会导致游客死亡。

4. 景区(点)社会安全事件

景区(点)社会安全事件特指在景区(点)内发生的重大刑事案件、恐怖袭击事件、涉外突发事件、规模较大的群体性事件、民族宗教突发群体事件以及其他造成严重社会影响的突发性社会安全事件。其中，刑事和治安事件是景区(点)中多发的安全事件，尤以侵犯公私财产类的偷窃、抢劫、欺诈为最多。此类事件的发生不仅会对游客的人身、财产安全造成严重损害，而且对景区(点)也会产生恶劣的社会影响。

(四)景区(点)突发事件处置的基本原则

1. 以人为本、救援第一

景区(点)在处置旅游突发事件时应以保障游客生命安全为根本目的，尽一切可能为游客提供救助。

2. 属地救护、就近处置

景区(点)应在本地区政府的领导下，协助本地区旅游行政管理部门进行应急救援工作，运用一切力量，力争在最短时间内将危害和损失降到最低。

3. 及时报告、信息畅通

景区(点)在发现突发事件后要在第一时间内向上级部门及相关单位报告，或边救援边报告，并做好有关善后工作。

4. 安全引导、科学预防

景区(点)通过提供安全信息和讲解服务，加强对游客的安全引导，提高游客在景区(点)游览过程中的安全意识，减少安全事故的发生。导游人员不仅应具有安全观念，了解安全法规和安全知识，还要具备一定的安全操作技能。安全观念包括“安全第一”的哲学观、“尊重人的生命与健康”的情感观、“安全就是效益”的经济观、“以预防为主”的科学观等。安全法规和安全知识是指国家制定的有关安全的法规、政策以及公司、景区(点)的安全管理规范等。安全操作技能是指处置各种安全事故时所应用的技能。

☞**知识链接**

景区(点)解说服务

景区(点)解说服务分为向导式解说服务和自导式解说服务两大类。

向导式解说服务是指由专门的导游人员进行的主动的、动态的信息传导服务。

导游人员在带领游客游览的过程中，除了为游客提供讲解服务外，还应随时提醒游客注意人身、财产安全，并照顾好游客，以免发生意外事故。自导式解说服务是指由书面材料、标准公共信息图形符号、语音等无生命的设施设备为游客提供的静态的、被动的信息服务。景区(点)导游要提醒游客善于利用自导式解说服务方式来保护自身的安全。

一、自导式解说服务——信息标志(牌示)

《安全标志及其使用导则》中将安全标志分为四大类型。

禁止标志：是用于禁止人们做出不安全行为的图形标志，其基本形式是带斜杠的圆边框，包括禁止吸烟、禁止烟火、禁止跨越等40种标志。

禁止吸烟

禁止烟火

禁止跨越

警告标志：是用于提醒人们对周围环境引起注意，以免发生危险的图形标志，其基本形式是正三角形边框，包括注意安全、当心坠落、当心车辆等39种标志。

注意安全

当心坠落

当心车辆

指令标志：是用于强制人们必须做出某种动作或采用防范措施的图形标志，其基本形式是圆形边框，包括必须戴防护眼镜、必须系安全带、必须穿救生衣等16种标志。

必须戴防护眼镜

必须系安全带

必须穿救生衣

提示标志：是用于向人们提供某种信息的图形标志，其基本形式是正方形边框，包括紧急出口、可动火区、避险处等8种标志。

紧急出口

可动火区

避险处

二、自导式解说服务——宣传资料

宣传资料大体分为两种：一种是静态宣传资料，以导游图、交通图、导游手册、景区(点)服务指南、风光图片、画册、门票等印刷物为载体进行安全解说，具有保留时间长、阅读层面广、成本低等特点；另一种是动态宣传资料，以录像、光盘、移动客户端等为载体或与电脑等多媒体结合进行安全解说，集声音、文字、图片、音像等于一体，能向游客传递更加全面、生动的安全知识。

三、自导式解说服务——电子导览

景区(点)可以在电子导览系统中根据需要加入游客安全提示，以提高游客在游览过程中的安全意识。

二、景区(点)突发事件的应急处置

(一)景区(点)典型自然灾害的应急处置

景区(点)典型自然灾害包括地质灾害、气象灾害、海洋灾害等。发生自然灾害时，景区(点)总体的应急处置程序包括以下内容。

第一，现场人员应立即向上级主管部门报告，同时向当地旅游行政管理部门汇报情况，在旅游行政管理部门的指示下，通过媒体发布旅游预警，或有计划地控制游客的接待数量。

第二，积极组织并密切配合有关部门的抢险救助，开展紧急救援行动。

第三，迅速转移受阻滞留的游客，安抚其情绪，并做好善后工作。

第四，开展环境整治，请求有关部门扑灭山火，治理水患，划定隔离带、警戒区，适时封闭景区(点)，停止接待，转移当地居民和服务员工。

第五，开展灾后重建工作，工程结束后适时对外解除旅游禁令。

1. 景区(点)典型地质灾害的应急处置

地质灾害是以地质动力活动或地质环境异常变化为主要成因的自然灾害。自然变异和人为的作用都可能导致地质灾害的发生。地质灾害包括地震、泥石流、地面塌陷、山体滑坡、火山喷发等。

(1)地震的应急处置

地震又称地动、地振动，是指地壳在快速释放能量的过程中造成振动，其间会产生地震波的一种自然现象。地震不仅破坏性强，且极容易引起次生灾害。地震灾害的处置主要包括临震预防和震后救援两个阶段。临震预防主要强调人群疏散和风险源的排查。震后救援主要强调人群疏散和应急救援。游客遇到地震时的应急处置措施包括以下几点。

第一，地震发生后，在室内，要选择易形成三角空间的地方躲避，可躲到内墙角或管道多、整体性好的卫生间、储藏室、厨房等处，不要躲到外墙窗下、电梯间，更不要跳楼。

第二，在公共场馆里，应迅速就近蹲下、掩护、抓牢或就近躲在柱子、大型物品旁；身处门口时可迅速跑出门外至空旷场地；在楼上时，要找准机会逐步向底层转移。

第三，在室外，要尽量远离狭窄街道、高大建筑、高烟囱、变压器、玻璃幕墙建筑、高架桥以及存有易燃品、易爆品的场所。

第四，在行驶的汽车、电车或火车内，乘客应抓牢扶手，避免摔倒，降低重心，躲在座位附近，不要跳车，地震过后再下车。

第五，用湿毛巾、衣物或其他布料捂住口、鼻和头部，防止灰尘呛闷，发生窒息。

第六，寻找和开辟通道，朝着有光亮、宽敞的地方移动，不要乘电梯逃生。

第七，若一时无法脱险，要节省气力，静卧保持体力，不要盲目大声呼救，多活动手、脚，清除脸上的灰土和压在身上的物件。

第八，无论在何处躲避，如有可能应尽量用棉被、枕头、书包或其他软物体保护好头部。

(2)泥石流的应急处置

泥石流是指在山区或者其他沟谷深壑、地形险峻的地区，由暴雨、暴雪或其他自然灾害引发的山体滑坡并携带大量泥沙以及石块的特殊洪流。泥石流具有突然性以及流速快、流量大、破坏力强等特点。我国大多数山区在夏秋多雨季节时有发生，尤其是西南山区尤为严重。游客遇到泥石流时的应急处置措施包括以下几点。

第一，发现有泥石流、山体滑坡时，要迅速向两边稳定区域逃离，不要沿着山体向上方或下方奔跑。

第二，不要躲在有滚石或大量堆积物的山坡下面。

第三，不要停留在低洼处，也不要攀爬到树上躲避。

第四，一定要设法从房屋内跑至开阔地带。

第五，应选择平整的高地作为营地，不要在山谷或山沟底部扎营。

第六，旅行必须经过可能发生泥石流的地段时，要听当地的有关预报，如滇藏、川藏公路某些地段易发生泥石流，设有监测点，进入这些地区时要听从指挥。

2. 景区(点)典型气象灾害的应急处置

气象灾害是指由于气象、气候发生灾变而带来的灾害，包括台风、暴雨(雪)、雷暴、冰雹、大风、沙尘暴、洪水、严寒、酷暑等。气象灾害不仅威胁旅游交通、游客安全，还会造成旅游地的旅游淡季。

(1)台风的应急处置

台风是形成于西北太平洋热带或副热带26℃以上广阔海面上的热带气旋。每年的夏秋季节，西北太平洋上会生成不少猛烈的气旋，有的消散于海上，有的则登上陆地，带来狂风暴雨。由于台风过境常伴随着大风和暴雨或特大暴雨等强对流天气，因此对沿海景区(点)产生了很大影响，轻则暂停营业，重则基础设施损毁，人员伤亡。游客遇到台风时的应急处置措施包括以下几点。

第一，尽快转移到坚固的建筑物中躲避风雨。

第二，避免外出，必须外出时应穿颜色较为鲜艳的衣服，并在随时能抓住固定物的地方行走。

第三，在外行走时，要尽量弯腰，将身体缩成团，系好衣扣，必要时应爬行前进。

第四，不要在受台风影响的海滩游泳或驾船。

(2)沙尘暴的应急处置

沙尘暴是指强风将地面沙尘吹起使空气很混浊、水平能见度小于1千米的天气现象。沙尘暴主要发生在冬春季节，因为在冬春季节，干旱区降水甚少，地表异常干燥松散，抗风蚀能力很弱，大风刮过时，就会将大量沙尘卷入空中，形成沙尘暴。

在沙尘暴发生时，导游人员应采取以下应急措施。

第一，劝说有呼吸道疾病、对风沙比较敏感的游客不要进行室外活动。近视患者不要佩戴隐形眼镜，以免引起眼部炎症。一旦有沙尘进入眼内，不要用手搓，应尽快用清水冲洗或滴眼药水，保持眼睛湿润，以便沙尘流出，如仍有不适，应及时就医。

第二，如行程中突遇沙尘暴，导游人员应带领游客到安全地点躲避，最好到牢固、没有下落物体的背风处躲避，并叮嘱游客不要惊慌，不要贸然跑动，要多喝水，多吃水果。沙尘暴结束后，如有游客感到呼吸系统不适，应及时带游客去医院就诊。在寻找安全地点的途中，如若能见度低，视线不好，要带领游客靠路边有序撤离，切忌贸然横穿景区(点)内道路；要带领游客远离水沟、水库等区域，避免游客落水；要带领游客远离高层建筑、广告牌、老树、枯树等，以防高空坠物。若是在旅游车上，要告诉司机控制好车速，并尽快停靠在安全的地方进行躲避，尤其是在风力较大、能见度较低的情况下，千万不可贸然前行或着急赶路；车辆停靠时，不要停在高楼、大树下方，以免玻璃、树枝等坠落物损坏车辆，伤及车内游客。

第三，遇到沙尘暴时，导游人员应组织游客从户外进入室内，并引导游客及时清洗面部，用清水漱口，清理鼻腔，有条件的应该安排游客洗浴、更衣，以保持身体洁净、舒适。

(3)洪水的应急处置

洪水是由暴雨、急剧融冰化雪、风暴潮等自然因素引起的江河湖泊水量迅速增加或水位迅猛上涨的一种自然现象。我国是一个水灾频发的国家，每年水灾都会造成大量财产损失与人员伤亡。对于景区(点)而言，洪水可能会破坏原来的地貌、植被，损毁景观，若造成大面积水土流失，将破坏生态平衡，带来难以估量的损失，还会影响旅游交通，并可引发崩塌，破坏基础设施及旅游设施。游客遇到洪水时的应急处置措施如下。

第一，当洪水来临时，要迅速到附近的山坡、高地、屋顶、楼房高层、大树上等高的地方暂避。

第二，要设法尽快发出求救信号或信息，报告自己的方位和险情，积极寻求救援。

第三，落水时要寻找并抓住漂浮物，如门板、桌椅、木床、大块泡沫塑料等。

第四，汽车进入水淹地区时，要注意水位不能超过驾驶室，要迎着洪水驶向高地，不能让洪水从侧面冲击车体。

第五，不要惊慌失措、大喊大叫，不要接近或攀爬电线杆、高压线铁塔，不要爬到泥坯房房顶上。

3. 景区(点)典型海洋灾害的应急处置

海洋灾害是指由海洋自然环境发生异常或激烈变化而导致的在海上或海岸发生的灾害，主要有海啸和风暴潮等。

海啸就是由海底地震、火山喷发、海底滑坡或气象变化引发的破坏性海浪。海啸的波速高达每小时700～800千米，在几小时内就能横过大海，波长可达数百千米，可以传播几千千米而能量损失很小。在茫茫的大海里波高不足一米，但当到达海岸浅水地带时，波长减短而波高急剧增高，可达数十米，形成含有巨大能量的“水墙”，摧毁堤岸，淹没陆地，夺走生命、财产，破坏力极大。游客遇到海啸时的应急处置措施如下。

第一，地震是海啸发生的最早信号，从地震到海啸的发生有一个时间差，要利用时间差进行避险和逃生。

第二，如发现潮汐突然反常涨落，海平面显著下降或者有巨浪袭来，都应快速撤离。

第三，在海啸发生前，海水异常退去时往往会把鱼虾等许多海洋生物留在浅滩，场面极为壮观，但此时千万不要去捡鱼虾或看热闹，应迅速离开海岸，向陆地高处转移。

第四，若在海啸发生时不幸落入水中，要尽量抓住大的漂浮物，注意避免与其他硬物碰撞。在水中不要举手，也不要乱挣扎，应尽量减少动作，浮在水面随波漂流即可。海水温度偏低，不要脱衣服。尽量不要游泳，以防体内热量过快散失。不要喝海水，海水不能解渴，反而会让人出现幻觉，导致精神失常甚至死亡。要尽可能向其他落水者靠拢，以扩大目标，让救援人员发现。

(二)景区(点)典型事故灾难的应急处置

1. 交通事故的应急处理

交通事故是指机动车驾驶人员、行人、乘客以及其他在道路上进行交通活动的人员，因违反了国家有关道路交通安全法律法规的规定而造成人身伤亡和财产损毁的事故。根据事故表现形式可分为碰撞、碾压、刮擦、翻车、坠车、爆炸、失火共七种。据统计，在各类景区(点)交通事故中，碰撞(包括正面碰撞、侧面碰撞、追尾碰撞)占到事故总数的2/3以上。根据事故发生的空间性质，景区(点)交通事故可分为道路交通事故、水上交通事故、索道安全事故。

(1)道路交通事故的应急处置

道路交通事故是指发生在景区(点)公路、桥梁、隧道、停车场等地方的交通安全事故，表现为旅游车辆由于各种原因相撞、追尾、坠落、陷落、冲撞、撞倒行人以及车子遭遇物体袭击、冲压等。道路交通事故是景区(点)交通事故中伤亡最多且影响最大的，尤其是私家车的普及、自驾游的增多，更增加了道路交通事故的风险。道路交通事故的应急处置措施如下。

第一，现场人员应马上报警并拨打120急救电话，同时向景区(点)管理部门报告。景区(点)管理部门及时向主管部门和所在地的各相关职能部门(交通、公安、医疗卫生、部队)汇报情况。

第二，严格保护现场，对事故现场实行交通管制，维持现场秩序，疏导过往车辆和群众。

第三，协同有关单位、部门进行抢救、勘查、车辆施救等现场工作。

第四，配合有关单位、部门开展调查取证、保险理赔、行政处罚、民事调解等工作，并做好游客情绪安抚工作。

第五，撰写事故报告。就事故发生的经过、造成的损失、处理过程等进行详细的说明，上报至景区(点)管理部门，并转交相关职能部门。

第六，做好善后工作。对景区(点)道路交通状况开展彻查与研究，对交通事故发生地的安全标志、防护设施、通信保障、事故急救装备、应急车辆配置、应急人员救助技能等方面进行改进。

(2)水上交通事故的应急处置

水上交通事故是指发生在湖面、海面、江河、溪流、码头等地方的交通事故，表现为邮轮、游船、快艇、木船、竹排、橡皮艇、羊皮筏、气垫船等水上运载工具因各种原因发生碰撞、沉没、翻船、失踪等。景区(点)发生水上交通事故后，现场人员应第一时间向景区(点)负责人和相关管理部门报告，全力组织救援工作，同时拨打120急救电话。

游客遇到水上交通事故时要利用救生设备逃生，紧急情况下必须跳水逃生。

跳水前，应尽一切可能发出遇险求救信号。尽可能向水面抛投漂浮物，如空木箱、木板、大块泡沫塑料等。多穿厚实保暖的衣服，系好衣领、袖口。如有可能，穿上救生衣。

跳水时，不要从5米以上高度直接跳入水中，可利用绳索等滑入水中。两肘夹紧身体两侧，一手捂鼻，一手向下拉紧救生衣，深呼吸，闭口，两腿伸直，直立式跳入水中。

跳水后，应尽快游离遇难船只，防止被卷入漩涡。如果发现四周有油火，应脱掉救生衣，潜水游到上风处；到水面上换气时，先用双手将头顶的油和火拨开再抬头呼吸。不要将厚衣服脱掉。如果没有救生衣，尽可能以最小的运动幅度使身体漂浮；可采用仰泳姿势，尽可能游到漂浮物附近。两人以上跳水逃生时，要尽可能拥抱在一起，减少热量散失，也易于被救援人员发现。

(3)索道安全事故的应急处置

索道，又称吊车、缆车。很多景区(点)都建有索道交通。索道安全事故是指发生在高山、峡谷、山丘、江面、岛屿、沙漠等景区(点)的客运缆车、观光电梯、溜索等空中运载工具上的安全事故，表现为缆车停运、坠落、滑落等。索道安全事故的应急处置措施如下。

第一，当有异常情况发生时，现场人员应在第一时间做出相应处置。同时，将排队候车的游客及索道站附近的游客疏散到安全区域。

第二，立即向索道值班负责人和应急救援指挥部报告。

第三，确认事故并启动应急救援预案。

第四，按照特种设备事故报告的有关规定，立即向当地政府及有关部门报告，还应及时通知有关部门做好交通、医疗、通信、气象、物资、环保、治安等工作。

第五，预案启动后，医疗救护组应当依照预案规定积极跟进救援，为受伤人员提供及时的现场医疗救治，对受惊游客进行心理疏导，为危重伤病人员联系附近医院急救中心，请求支援救助。

第六，写出事后报告。

☞ **学与思**

伤心的大峡谷①

1999年10月3日11时20分，被誉为“西南第一漂”的贵州省黔西南自治州兴义市的马岭河峡谷风景区发生了一起缆车坠落事故。事故造成多名乘客伤亡，一名工作人员受伤。死者中除一名为贵州籍外，其余全部为广西籍。事故暴露了日趋繁荣的旅游业中存在的许多急需注意的问题。

10月3日上午10时20分左右，广西三家旅行社组织的游客聚集在马岭河峡谷谷底唯一的缆车乘坐点，等待乘坐缆车去山顶吃午饭，然后还要去“西南第一漂”——马岭河漂流。200多名游客乱成一片。11时10分，在一阵难以想象的拥挤后，面积仅有五六平方米的缆车车厢内竟然装载了35名乘客。缆车开始缓慢上升，10多分钟后，到山顶平台停了下来。工作人员走过来，打开了缆车的小门，准备让车厢里的人走出来。就在这一瞬间，缆车不可思议地慢慢往下滑去。有人惊叫起来：“缆车失控了!”风景区的工作人员宋某某正在平台旁吃午饭，见此情形大吃一惊，立即跑进操纵室猛按上行键，但按键已失灵。他又想用紧急制动，仍然无效。

---

① 吴贵明、王瑜：《旅游景区安全案例分析》，104～105页，上海，上海财经大学出版社，2008。(有改动)

不得已拉下电开关，以为可以让缆车停下来，但缆车还是向下滑。缆车缓慢滑行了30米后，便箭一般地向山下坠去，一声巨响后重重地撞在110米下的水泥地面上，断裂的缆绳在山间四处飞舞……当地政府接到报告后，紧急动员，组织了200多名军人和地方医务人员赶到现场进行抢救。由于缺少担架等物品，很多人只好折断周围树枝，拆下门板做成简易担架，再从陡峭、狭窄的羊肠小道上把手脚骨折的死伤者抬到山顶。

【思考】

请分析该事故的类型，并分析主要原因。

2. 设施设备事故的应急处置

景区(点)设施设备主要是指游乐设施设备及游乐辅助设施设备。游乐设施设备主要是指承载游客进行游乐活动或参与游乐项目的现代机械设施组合。游乐辅助设施设备主要是指为游客提供游览服务时所需要的相关辅助性设施设备。游乐设施设备及游乐辅助设施设备如果得不到严格管理或及时检修维护，就有可能造成严重的事故。设施设备事故的应急处置措施如下。

第一，迅速疏散游客，并通知景区(点)负责人和相关管理部门，视情况向医院急救中心等公共机构求救。

第二，现场人员应立即切断电源。

第三，若有游客受伤，应拨打120急救电话，立即组织人员抢救伤员。

第四，注意保护好事故现场，便于调查分析事故原因。

第五，写出事后报告。

3. 火灾事故的应急处理

☞学与思

在了解了巴黎圣母院的大火后，人们越发关注国内景区(点)及文物保护单位的消防安全问题。2019年4月27日17时18分，云南省丽江市古城区象山发生森林火灾，截至4月28日6时50分，火场已转入清理看守阶段，确保不会发生复燃。有消息称，这场大火火头高达10余米，火线蔓延约2千米，扑火工作曾一度只能由直升机执行(在空中进行洒水作业)。而就在一周内，辽宁省沈阳市的棋盘山风景区也发生火灾，历经40余小时，大火才被扑灭。公开消息显示，棋盘山风景区的大火已被确认为附近村民燃烧秸秆所致。此外，就在4月6日下午，马鞍山市衡山风景区石门广场北面山顶也发生了一起山林火情，过火面积约11亩(一亩≈666.7平方米)，经200人全力扑救，大火才得以扑灭。实际上，丽江古城不是第一次发生如此严重的火灾了。资料显示，2013年、2014年，丽江古城内接连发生两次火灾。2013年的火灾位于光义街现文巷内，共烧毁民房107间，涉及13户商户，其中客栈4家、院落6个，过火面积2243.46平方米。2014年4月，古城区内东河街道龙泉社区又有一商铺发生火灾，10间铺面在大火中损毁。

【思考】

随着巴黎圣母院大火的发生，国内景区(点)、文物保护单位的消防安全再次成为全社会关注的核心话题之一。导游人员在遇到火灾时应如何保护游客的安全呢?

旅游景区(点)的消防安全是一个极易被忽视但又极其需要重视的课题，因为许多景区(点)地处偏远地区，是消防工作的“盲区”。此外，当旅游景区(点)旺季来临时，景区(点)工作繁重，顾不上向游客宣传消防安全知识，而当淡季来临时，也容易忽视景区(点)的消防安全。但是，我们应该知道：对于旅游景区(点)而言，无论是自燃还是外界大火，都极易造成资源破坏、人员伤亡以及巨大的损失。旅游景区(点)应该在火灾易发季节，建立常态化的防范和预警机制。另外，应该利用行业内的相关新技术，做好辅助监管和火灾预防工作。通过报警装置，第一时间获取火情，把火灾损失降到最低。

导游人员要有防范意识，应提醒游客不要携带易燃、易爆等违禁物品，叮嘱游客不要在景区(点)内吸烟(要到专门的吸烟区)，更不要乱扔烟头或其他火种。带领游客进入景区(点)后，要向游客详细介绍安全通道，提醒游客熟悉安全路线，掌握发生火灾时应走的路线；提醒游客，一旦发生火灾，不要乘坐电梯，只能从安全通道逃生。

导游人员还要学会使用消防器材，懂得基本的灭火方法和火灾逃生方法，掌握组织游客逃生的方法。若是发生火灾，导游人员不要惊慌失措，要立即采取如下措施进行紧急处置。

第一，立即拨打火警电话119。若是游客在室内，提醒大家不要乘坐电梯，不要跳楼，引导游客从安全通道撤离。有景区(点)工作人员指挥时，要服从统一指挥，带领游客迅速撤离火灾现场。

第二，情况紧急时，导游人员要镇定地判断火情，引导大家自救。例如，若身上着火，可就地打滚，或用厚重衣物压灭火苗；如有浓烟时，用浸湿的衣物裹身，捂着口鼻，贴近地面顺墙爬行；大火封门时，可用浸湿的衣服、被褥堵塞门缝或泼水降温，等待救援；摇动色彩鲜艳的衣物呼救。

第三，当带领游客脱离火灾现场后，应设法将游客集合在一起，核查游客伤亡情况和失踪情况，将重伤者马上送往医院救治，并继续寻找失踪者。

4. 拥挤踩踏事故的应急处置

随着收入水平的提高和闲暇时间的增加，旅游已成为国人生活中不可缺少的组成部分。但由于法定节假日、寒暑假期游客扎推出游的现象严重，景区(点)常常人满为患，客流量超出最大承载量。景区(点)超载导致游客体验大打折扣，硬件设施破坏严重，也不利于管理调度，存在很大的安全隐患。拥挤踩踏事故的应急处置措施如下。

第一，现场工作人员应第一时间疏散游客，如有人员受伤，拨打120急救电话，同时通知景区(点)负责人和相关管理部门。

第二，根据情况实施交通管制，分流无关车辆、行人，确保救援通道畅通。

第三，及时进行救护、救援。迅速组织力量对受伤人员进行现场救护或送往医院救治。组织力量对处于危险境地的人员进行救援。

第四，维护现场秩序。配合公安部门设置警戒带，划定警戒区域，维护现场秩序。

第五，写出事后报告。

(三)景区(点)典型公共卫生事件的应急处置

景区(点)常见的突发性生理疾病主要包括中暑、食物中毒和其他突发性疾病等。

1. 中暑事件的应急处置

中暑是指因长时间暴露在高温环境中或在炎热环境中进行体力活动引起机体体温调节功能紊乱所致的一组临床症候群，以高热、皮肤干燥以及中枢神经系统症状为特征。中暑一般分为两种情况：一种是在高温、高辐射的天气中，也就是俗称的干热天气中，强烈的太阳照射和较高的温度导致人体水分大量散失，若水分得不到及时补充就非常容易中暑；另一种是在高温、高湿度的天气中，即夏季常见的湿热天气中，人体不能正常排汗，血流量增加，这也会导致中暑。导游人员发现游客有中暑症状时的应急处置措施如下。

第一，立即将中暑游客移到阴凉处，并保持周围通风。

第二，经游客同意后解开其衣扣，帮助其身体散热。

第三，帮助游客服用解暑药物。

第四，如果症状没有减轻，应立即拨打120急救电话。

2. 食物中毒事件的应急处置

食物中毒是因进食被细菌及其毒素污染的食物，或进食含有毒素的动植物而引起的急性中毒性疾病。变质食品、污染水源是主要传染源，不洁手、不洁餐具和带菌苍蝇是主要传播途径。食物中毒事件会引发呕吐、腹痛、腹泻等症状。导游人员发现游客有食物中毒症状时的应急处置措施如下。

第一，要求游客立即停止食用可疑食品。

第二，立即采取催吐、导泻或解毒等救治措施。如果游客进食的时间是在2小时前，可使用催吐的方法。如果游客进食的时间已超过2小时，但精神状态较好，则可令其服用泻药，促使受污染的食物尽快排出体外。

第三，让游客大量喝水，可以是淡盐水，以稀释毒素。

第四，保留好可疑食物、呕吐物或排泄物，供化验使用。

第五，采取紧急措施后，应立即将游客送往医院进行救治。

3. 突发疾病事件的应急处置

在旅游过程中，游客常会因旅途疲劳、气候变化、饮食不当、水土不服、起居习惯改变以及自身疾病等原因，出现一些突发性疾病，重者可能危及生命。

导游人员要关注游客的健康状况，如果发现走路缓慢、吃力，面部表情、举止异常的游客，要及时进行查问，尤其关注需要特殊照顾的病患。安排游览行程时要留有余地，做到劳逸结合。根据天气变化情况，提醒游客增减衣物、携带雨具等。在天气炎热、干燥时，提醒游客多喝水、多吃水果等。进行如爬山、乘船等特殊旅游项目之前提醒游客做好准备。如果遇到游客患病、突发疾病的情况，导游人员应该沉着冷静，及时采取如下应急措施。

第一，及时与医院联系，并向景区(点)主管部门报告。在主管部门的指导下，及时组织医务人员对游客进行救治。在救治的全过程中，旅游团领队与同行的患者亲属必须在现场，景区(点)主管部门也应派人到现场照看。

第二，应向与患者同行的其他游客详细了解患者发病前后的身体状况、病史、症状及治疗等情况，最好提供详细的文字记录，以备医院方面参考。如果患者病危而其家属又不在场时，应尊重医师和旅游团领队的意见，由领队出面与患者家属联系，敦促其家属火速赶来。

第三，患者经抢救脱离危险但仍须住院治疗时，导游人员应前往医院探视，帮助患者解决生活上的困难、办理相关手续等。通常情况下，患者住院及医疗费用由病人自理。

第四，通过协调，努力保证旅游活动的继续进行。

☞**知识链接**

常见病患应急处理知识

一、游客突发脑栓塞和脑出血

脑栓塞是指血液中的各种栓子(如心脏内的附壁血栓、动脉粥样硬化的斑块)随血流进脑动脉而阻塞血管，当侧支循环不能代偿时，引起该动脉供血区脑组织缺血性坏死，出现局灶性神经功能缺损。脑出血是指非外伤性脑实质内血管破裂引起的出血，发生的原因主要与脑血管的病变有关。二者均会使患者出现昏迷，如抢救不及时，将使患者留下后遗症，甚至危及其生命。脑栓塞的症状为：头晕、眩晕、恶心、呕吐、声音嘶哑、吞咽困难。处理时，立即让患者平躺，头部放平，不宜抬高，禁用冰袋。密切观察其脉搏、呼吸，防止血压过低。患者出现昏迷时，应取出其口腔内的假牙，保持其呼吸道通畅，并尽快送往医院治疗。多数脑出血病人的症状为头痛、呕吐、意识障碍等。处理时，让患者平躺休息，将其头部抬高15度左右，帮患者翻身或搬动患者时应有专人保护其头部，防止其头部急速转动。若患者呼吸、血压不稳定，切忌搬动患者。若患者躁动不安，可喂其服用镇静药物，并呼叫救护车前来抢救。

二、游客突发心肌梗死

有的患者可无任何症状，有的患者则表现为胸痛，心悸，疲乏无力，面色苍白，口唇青紫，大汗淋漓，呼吸困难、变浅、变慢，心音、脉搏、血压消失，瞳孔散大、对光反射消失。有冠心病史的游客应避免情绪激动、过度疲劳和饱食。如有游客频繁发生胸痛，那可能是心肌梗死的先兆，导游人员应立即终止旅游活动，让游客及时休息并等待接受治疗，然后立即与急救中心或附近医院联系。在医务人员到来之前，导游人员应让患者平卧休息，不要变换体位和挪动；有呼吸困难的，应使其气道通畅，即保持头低平卧位，头后仰，抬高颈部，清除气道内分泌物；密切观察其脉搏、呼吸，如脉搏消失、呼吸停止，应立即进行胸外心脏按压和人工呼吸，二者交替进行。

三、游客发生骨折

如果游客发生骨折，导游人员应做好急救。无论是外伤骨折还是内伤骨折，都应用夹板进行临时固定。夹板可用其他物品替代，以柳木为佳。上夹板时应注意固定两端关节，避免转动骨折肢体。如果是外伤骨折，应先对其进行止血包扎，并间断性地放松止血带，以防肢体坏死。采取以上急救措施后应尽快送往医院治疗。

四、游客不慎受伤出血

如果游客不慎受伤出血，导游人员应立即帮助游客止血。如果是小伤口，那么进行简单的处置即可；如果是较重的外伤，那么在进行止血处置后，应尽快将其送往医院治疗。止血方法有指压法、包扎法、止血带法。

五、游客在参观时遭蜂蜇

用较硬的卡片(如银行卡)将毒刺刮出；帮患者挤出毒汁或者用口或吸管吸出毒汁；用肥皂水(条件许可时可用5%的苏打水或3%的淡氨水)洗敷伤口；严重者应送往医院救治。

(四)景区(点)刑事案件和治安案件的应急处置

刑事案件和治安案件是景区(点)多发的危害社会安全的事件类型。景区(点)刑事案件、治安案件分别是指在景区(点)内发生的违反《中华人民共和国刑法》或《中华人民共和国治安管理处罚法》的行为，如盗窃、抢劫、绑架、强奸等，它们会对游客的人身、财产安全造成直接损害。

1. 盗窃事件的应急处置

发生游客财物失窃或景区(点)本身财物失窃事件时，导游人员应采取的应急处置措施如下。

第一，保护好现场，向景区(点)保安部门和公安机关报案。

第二，向景区(点)相关部门的负责人汇报，讲明情况，听候指示。

第三，如果是游客财物被盗，要向游客了解失窃经过，并让失窃游客列出失窃财物清单。

第四，设法稳定游客情绪，并为其提供必要的生活帮助。

第五，待公安人员抵达后，协助公安人员办案。

2. 暴力犯罪事件的应急处置

发生暴力犯罪事件时，导游人员应采取的应急处置措施如下。

第一，立即拨打110报警电话，请警察前来制止暴力事件。同时，要迅速向景区(点)保安部门和相关部门汇报。若有游客受伤，要拨打120急救电话。

第二，疏散围观游客，以免更多游客受伤。

第三，以最快的速度把伤员送往安全区域进行急救，并将重伤者送往医院。

第四，如果是重大暴力伤害事件，应立即向当地旅游行政管理部门报告。

第五，如发生劫持人质事件，在可能的情况下，景区(点)保安部门应选派经验丰富、口才较好的工作人员与歹徒周旋，尽力规劝其终止犯罪。

第六，保护事发现场，配合警方调查，在警方的指导下维持现场秩序。

第七，排除险情后，配合公安机关做好善后工作。

【自我学习】

一、填空题

1. 景区(点)突发事件具有(　　)、(　　)、(　　)、(　　)、(　　)的特点。

2. 景区(点)突发事件可分为(　　)、(　　)、(　　)、(　　)四种类型。

二、判断题

1. 一般旅游突发事件上报至设区的市级旅游主管部门；较大和重大旅游突发事件逐级上报至中华人民共和国省级旅游主管部门；特别重大旅游突发事件逐级上报至中华人民共和国国家旅游局(现中华人民共和国文化和旅游部)。(　　)

2. 发现有泥石流、山体滑坡，要迅速沿着山体向上方或下方奔跑。(　　)

3. 发生火灾时，如果游客在室内，应尽快乘坐电梯逃离。如果身上着火，可就地打滚，或用厚重衣物压灭火苗。

三、简答题

1. 景区(点)发生自然灾害的应急处置程序是什么？

2. 景区(点)发生道路交通事故的应急处置程序是什么？

3. 景区(点)游客发生中暑事件的应急处置程序是什么？

4. 景区(点)游客发生财物失窃事件的应急处置程序是什么？

四、实训题

以小组为单位，模拟景区(点)不同类型突发事件的场景，并进行现场处置。

任务9答案

【项目小结】

任务名称	知识目标、技能目标、素质目标
景区(点)导游词创编	能复述导游词的基本结构及导游词中常用的修辞手法；能复述导游词创编的基本要求、注意事项、基本方法 学会创编导游词；能创编情境导游词 提高团队合作能力、工具书使用能力、查阅资料及资料处理能力、文字编写与文案处理能力、PPT制作能力、总结与汇报能力

续表

任务名称	知识目标、技能目标、素质目标
景区(点)导游语言表达	能够复述景区(点)导游语言表达的基本要求、基本原则、基本技巧等相关知识；能够复述景区(点)导游副语言表达技巧 具备景区(点)导游语言表达的基本功；熟练运用语言表达技巧和副语言表达技巧；能够为游客提供语言准确、规范、得体、生动的导游讲解服务 提高语言表达能力、学习能力和文化素养
景区(点)游客投诉处理	能够分析并阐述游客投诉的原因及心理；能够复述游客投诉的处理原则及处理程序 学会准确判断游客投诉的原因及心理，学会按照游客投诉处理原则和处理程序妥善处理游客投诉 提高分析问题、解决问题的能力；具备良好的职业道德和心理素质
景区(点)突发事件应急处置	能够复述景区(点)突发事件的特点、等级划分和类型；熟练掌握地震、泥石流等自然灾害的处置程序，交通事故、设施设备事故等灾难的处置程序，中暑、食物中毒等公共卫生事件的处置程序，盗窃、抢劫等刑事案件或治安案件的处置程序 具备景区(点)突发事件应急处置能力 具备应变能力、团队合作能力、协调和组织能力、安全救援能力

项目四　导游服务能力训练

【项目描述】

通过学习景区游览路线设计服务、致欢迎词和致欢送词服务、概况讲解服务、沿途讲解服务、不同类型景区(点)的讲解服务等相关知识，形成相应的职业能力，并能够为游客提供相应的导游服务。

>>任务10　景区游览路线设计服务<<

【任务描述】

学习景区游览路线设计的相关理论，掌握景区游览路线的设计原则和设计方法，进行简单的景区游览路线设计。

【技能实训】

实训任务	为某种类型的旅游团设计游览路线(情境式，情境由教师或学生选定)
实训目标	1. 知识目标：能够复述景区游览路线的设计原则和设计方法 2. 技能目标：能够按照设计原则设计简单的游览路线 3. 素质目标：具备团队合作能力、工具书使用能力、查阅资料及资料处理能力、文字编写与文案处理能力
实训学时	建议4学时
实训地点	教室、导游实训室或旅游景区
实训条件	1. 校内实训室：学生用电脑、多媒体设备等 2. 校外实习基地：2～3家旅游景区
实训流程与标准	1. 分配学习小组，明确小组任务 2. 学习小组赴景区参观踩点 3. 查阅、调研景区相关资料，结合旅游团的特点提出相应的游览路线设计方案 4. 校内外实训指导教师审阅文本，提出修改意见 5. 学习小组修改稿件，制作PPT并进行汇报 6. 教师、学生对汇报结果进行考核评价 7. 学习小组再次修改稿件，提交最后成果

续表

实训考核建议	1. 考核内容：态度＋纪律＋汇报＋成果 2. 考核方式：课堂 PPT 汇报＋游览路线设计方案文本 3. 考核主体：教师、学生、企业兼职教师

【理论知识】

游览路线是旅游景区内联结各旅游景点的空间链，是导游人员引导游客进行游览活动的行进路线。它是联系游客和旅游对象的重要环节。游览路线的设计是否科学合理，直接影响着游客在景区内游览质量的高低。设计团队在设计游览路线时要考虑游客对游览舒适度的要求，满足游客“以最少的费用和最短的时间游览最多的景点”的需求，同时还要在不违背原则和总体布局的情况下追求最大的游客流通量。

☞ **学与思**

鄂尔多斯响沙湾景区导游全景图①

【思考】

根据该图，试分析景区游览路线的功能是什么，设计路线时要考虑哪些重要因素。

一、游览路线的设计原则

(一)连通性原则

景区游览路线设计的首要任务是将景区内的各个景点、体验项目及功能服务区

① 图片来自响沙湾官网。

串联起来，保证游客在景区内的游览活动顺利进行。基于游客“以最少的费用和最短的时间游览最多的景点”的需求，设计团队在设计景区游览路线时绝不能仅仅做简单的连通，还要注意游览顺序的编排，由一般的旅游点逐渐向具有较大吸引力的旅游点过渡，处理好游赏空间和过渡空间的关系，这样能够极大地调动游客的游览兴趣。为避免走“回头路”，要尽量将路线设计成环形。如果由于自然条件的限制无法设计成环形路线，也可以通过设计不同的游览交通方式来避免游览路线的重复。

(二)安全性原则

景区是安全事故易发之处，因此设计团队在设计游览路线时必须考虑游客在景区内活动的安全性。要因地制宜，科学设计路线的长短，合理布设交通方式，有效排除安全隐患，积极做好安全防控，保证游客的游览活动能够安全顺利地进行。

(三)环保性原则

设计团队在设计景区游览路线时要避免因步道建设对景区资源与环境造成破坏，要尽量保留自然景观与人文景观的原始风貌。如果必须要选线，那要避开生态敏感区域，或者采用高架廊道或缆车等游览形式，以减少游客的游览活动对景区资源与环境的影响。

(四)观赏性原则

设计团队在设计景区游览路线时首先要发现旅游资源的美，然后结合景观与地形考虑游客在游览过程中的心理需求变化，选择最佳观赏点，将分散的美联系起来，组成一个有机体，设计出良好的空间构图。

二、游览路线的设计方法

景区游览路线是分割景区、联结景点、方便游客进行游览活动的行进路线。它能够起到分割景区空间、区分旅游功能的作用；能够独立构成景区吸引物，成为令人惊叹的人工景观；能够限定游客和景物间的距离，保护景物的同时给游客最佳的观赏体验。游览路线的设计方法应用是否得当关系到游览路线的功能能否得到最大限度的发挥，也关系到景区能否为游客提供完美的情景交融的游览体验。

(一)全面考察景区资源，定位游赏点和服务点

景区游览路线的首要功能是联结不同的景点和服务点。游览路线设计的前提是设计团队要对景点的分布状况了如指掌。第一，要对景区内富有吸引力的自然景观和人文景观进行全面细致的考察，根据景观吸引力的大小进行分类，确定主景与次景。第二，以向游客提供最佳观景视角为依据，确定各景点的最佳观景位置，并在景区地图上做好标注。第三，测量并记录景点中游览路线和景点间过渡路线的长

度。路线过长容易使游客产生疲劳和单调的感觉，太短又起不到良好的空间转换作用，因此可以考虑追求游览路线的多样化，如配合使用景观游览车、步梯、缆车等交通方式，也可以考虑以在过渡路线过长的两个景点间配置各种服务点的方式来弥补空缺。这里所说的服务点具体是指景区内的旅游交通、餐饮、娱乐、购物、住宿、人文演艺等服务项目。景区内服务点的定位要符合景区环境的承载力和景区总体规划要求，切忌与景区主题背道而驰。

(二)全面体察游客的游览需求，进行有针对性的路线铺设设计

对于大部分到景区游览的游客来说，他们最大的愿望就是在舒适度不受影响和体力允许的前提下，以最少的费用和最短的时间游览最多的景点。在考虑这个最基本的需求的基础上，设计团队还需考虑景区规划的主题、目标客户群等因素，对游览路线的铺设进行有针对性的设计。例如，考虑到自然条件的限制，保护自然景观不因道路铺设遭受破坏，为游客提供舒适、便捷、多样的游览方式等因素，设计团队在华山景区设计了乘缆车上下华山的游览方式，既免去了游客爬山的辛苦，节约了游客的宝贵时间，为老人和孩子创造了便利，又能让游客从不同的视角一睹华山雄险瑰奇的风姿。又如，极具诱惑性和挑战性的长空栈道，不仅是景区中联结景点的游览路线，而且因其独特的魅力，成为令人惊叹的人工景观，构成景区吸引力的一部分。

(三)设置路线引导标志

设计团队通过科学合理的路线设计，把景区内各景点和服务点连成游线，并将多条游线组成景区的交通网。为进一步确保游客能够全方位地欣赏景区内有价值的景观，享受景区的服务设施，必须在景区内设置路线引导标志。景区路线引导标志包括全景导游图、标识牌、指示牌等。根据全景导游图，即景区总平面图，游客可以总览景区中各景点及服务点的分布情况，然后规划自己的游览路线和游览时间。根据标识牌，即道路导向指示牌，游客可以了解自己目前所处位置，辨别行进方向及目的地方位。

☞**知识拓展**

旅游区内自然游径的设计与解说①

一、自然游径的主要特点

游径的长度限制在0.5～1.5千米，使游客可以在30～60分钟走完；游径的理想形态为环形单行路线，起点和终点在同一个地方；沿途设置解说系统；游径的景观具有吸引力，途中不应有陡坡、泥泞地和障碍物；环境整洁干净，途中设置垃圾箱，定时清扫植物和碎石。

---

① 吴必虎：《区域旅游规划原理》，386～387页，北京，中国旅游出版社，2001。(有改动)

二、游径的开发

通过下列程序进行自然游径的开发规划：

对游径所在地区进行细致的考察，把所有值得注意的自然景观和历史景观标注在地图上，设计一条尽可能联结所有景点的路线。

沿路线走一次，考察其长度、可达性以及铺设道路的可能性。

尽可能少地干扰自然风貌，认真监督施工者，避免建设中的不必要破坏。

在不破坏环境的前提下清除沿途障碍，把悬下的植物枝条砍到 2 米以下。不要砍伐大树，也不要清走所有碎石，以免露出光秃秃的土地。用石头和挖出的土填补凹陷处。

小径要蜿蜒曲折，避免直线前进。曲折的小径走起来更有意思。不要设计两条回头路线，那样会使游客抄近路。

避开陡峭的山坡和含水地带。修建挡水和排水系统。保证排水是在地面上，而不是在小径下面。

在途中设立休息点，摆设简单的长椅。

三、游径的解说

自然游径的开发离不开旅游解说系统的帮助。游客在小径上获得的体验与解说系统的水平存在很大关系。游径解说系统包括入口处的标志牌和沿途的牌示以及印刷的手册。游径解说系统的设计程序和内容如下：

可能的话，为游径设计一个主题，并根据主题为小径起一个名字，这将使小径更有趣、更有吸引力。

在入口处设立介绍小径基本信息的标志牌，上面绘有地图，注明小径的长度和主要特色；在沿途交叉口要设立方向指示牌。

确定在路边设立解说牌示的地点和内容。如果不设立解说牌示，则可采取另一种方法，即在路边设立号码标志，让游客自己查对手册。

路边解说点的数量为至少 12 个，最多 30 个。解说信息要确切、有趣、简短、易于理解。

必须在标志牌上或手册中提供一份地图。还应提供一份清单，上面写明小径上有什么可看的。手册中必须要有草图和图表，而且草图和图表的可视性要强。

【自我学习】

一、填空题

1. 景区游览路线设计的首要任务是将景区内的各个景点、体验项目及功能服务区串联起来，(　　)。

2. 景区游览路线的设计要遵循(　　)、(　　)、(　　)和(　　)四项原则。

二、简答题

1. 景区游览路线有哪些功能？

2. 简述景区游览路线的设计方法。

三、实训操作题

请自选本地某旅游景区，为不同类型的旅游团设计游览路线。

实训要求：学习小组亲赴景区进行踩点；查阅景区相关资料，分析不同类型旅游团的游览需求，进行有针对性的路线设计；学习小组整理并撰写设计方案。

任务 10 答案

>> 任务 11　致欢迎词和致欢送词服务<<

【任务描述】

学习致欢迎词和致欢送词的相关知识，能够根据不同的游客群体完成致欢迎词和致欢送词服务。

【技能实训】

实训任务	致欢迎词、致欢送词
实训目标	1. 知识目标：能够复述欢迎词、欢送词的基本内容和具体要求 2. 技能目标：学会致欢迎词和致欢送词 3. 素质目标：具备“游客至上”的服务意识、“礼貌待客”的优秀品质、“热情诚挚”的服务态度
实训学时	建议 4 学时
实训地点	教室或导游实训室
实训条件	1. 校内实训室：导游讲解扩音器、导游旗等 2. 校外实习基地：1～2 家旅游景区(点)
实训流程与标准	1. 教师制定或学生自拟模拟场景及游客团队类型 2. 根据选定场景及游客团队类型设计、编写欢迎词与欢送词 3. 查阅相关资料或案例，编写导游词，形成初稿 4. 校内外实训指导教师审阅文本，提出修改意见 5. 在实训室进行模拟讲解及考核评价 6. 修改稿件，录制视频，提交成果
实训考核建议	1. 考核内容：态度＋纪律＋课堂演示＋成果(导游词或讲解视频等) 2. 考核方式：实训室模拟＋欢迎词与欢送词文本 3. 考核主体：教师、学生、企业兼职教师

【理论知识】

欢迎词和欢送词是导游人员的开场白和结束语，属于习惯用语部分。每位导游人员都需要根据自己的风格，设计符合场景的欢迎词与欢送词，以表达自己对游客的欢迎之情和惜别之情。

一、致欢迎词

良好的起点就是成功的一半。欢迎词是一段美丽旅程的开始，它就好比一首音乐的序曲、一场好戏的序幕、一部优秀作品的序言。致欢迎词是给客人留下第一印象的极佳机会，可起到消除陌生感、增加亲近感、迅速拉近与游客之间距离的作用。导游人员应当努力展示自己的风采，精心设计欢迎词，制造良好的导游接待氛围。

☞**学与思**

欢迎词

游客朋友们，大家好，坐了这么长时间的车，大家辛苦了。首先我代表天堂草原旅行社欢迎大家到内蒙古游玩。我是本次旅程的导游，我姓刘，大家可以叫我小刘，或者叫我刘导。本次行程由王师傅为我们提供驾驶服务。王师傅可是旅游界公认的“三好”司机。哪“三好”呢？那就是技术好、人品好、服务态度好。所以大家对我们这几天的行车安全尽可放心。在内蒙古这几天呢，将由我和王师傅为您提供全程服务。如有服务不周的地方，请大家多提宝贵意见。下面，我讲一下本次旅程的注意事项。第一，我们既要玩得开心，又要玩得安全。第二，为方便联系，请大家记住我的手机号，137××××××××，137××××××××。手机号就是我的微信号，大家也可以加一下我的微信，或者大家面对面建个群。第三，为避免上错车，请大家记住我们旅游车的车牌号，蒙A×××××，蒙A×××××。第四，这几天，旅游车就是我们行走的家，请大家一定要保持车内卫生，不要乱丢垃圾。第五，我们每天入住房间以后一定要检查一下物品是否齐全，床单、被罩是否干净，必要时立即要求服务员给调换一下，以免退房时有不必要的麻烦。下面，我再简单介绍一下我们这几天的行程……好了，行程就介绍到这里。我预祝大家内蒙古之行玩得开心、吃得满意、住得舒适！

【思考】

请分析本案例，并总结欢迎词的主要内容。

(一)欢迎词的基本内容

规范化的欢迎词一般包括五个方面的内容，即表示欢迎、表示态度、介绍人员、预告行程、预祝成功及旅途愉快。

第一，表示欢迎，即代表接待社、本人以及司机欢迎客人光临本地。

第二，表示态度，即表达提供服务的诚挚愿望。

第三，介绍人员，即介绍自己、司机和参加接待的所有人员。

第四，预告行程，即介绍一下当地概况和将要游览的项目。

第五，预祝成功及旅途愉快，即希望得到游客支持与合作，预祝旅途愉快，等等。

(二)欢迎词的具体要求与表现形式

规范化的欢迎词具有普适性，适合任何团队，其特点是较为全面地介绍各方面的情况，使游客比较快地了解情况。但在实际操作中，导游人员不能不看对象，千篇一律地致欢迎词，而是应该根据游客的国籍、身份、时间、地点等的不同而有所区别。此外，快节奏的生活导致很多游客比较厌烦长而拖沓的欢迎词，因此欢迎词要简明扼要，只要表达出欢迎、友好、热情就可以了。

欢迎词的表现形式是不拘一格的，没有固定的模式。导游人员在长期的导游实践中，要形成自己独特的风格。常见的欢迎词有风趣型、闲谈型、才艺型等。

风趣型的欢迎词是指就一切与游客相关的内容，用轻松幽默的形式开场。例如，可就自己的名字、身高、形象或当时的天气、本地的风土人情、前往的游览景点等，制造幽默的话题，意在营造一种轻松愉快的氛围。

闲谈型的欢迎词是指先就某一话题或主题与游客唠家常，在闲谈中输送对游客的欢迎之意。

才艺型的欢迎词是指以自身所具备的才艺，如唱歌、唱戏、贯口、说方言等形式开场，以此引发游客的兴趣。

二、致欢送词

送别是导游接待工作的尾声，欢送词就是对旅行的小结。导游服务要“善始善终”，因此导游人员要重视欢送词。好的欢送词，能给游客留下深刻、持久、终生难忘的印象。

☞ **学与思**

欢送词

各位朋友：火车站(机场等)就要到了，我也要和大家说再见了。常言道“相见时难别亦难”“送君千里，终须一别”，在此，我非常感谢各位朋友对我工作的支持。短短几天时间内，大家给我留下了非常深刻的印象，谢谢大家的合作！(鞠躬)在这几天的游览过程中，若有不尽如人意之处，还请各位多多谅解，批评指正。您的意见将是我改进的目标，您的建议将是我努力的方向。同时我也真诚地希望大家有机会再来我们美丽的塞外城市——呼和浩特。呼和浩特一年四季的美景等着您，到时我愿意再给各位当导游。最后祝愿大家一路平安！身体健康！

【思考】

请分析本案例，并总结欢送词的主要内容。

(一)欢送词的基本内容

欢送词一般应包含五个基本要素，即表示惜别、感谢合作、小结旅游、征求意见、期盼重逢。

第一，表示惜别，是指对分别表示惋惜之情、留恋之意。表示惜别时，面部表情应深沉，不可嬉皮笑脸，不要给游客留下“人走茶凉”的感觉。

第二，感谢合作，是指感谢游客在旅游过程中所给予的支持、合作、帮助、谅解等。游客的合作是保证旅程顺利和成功的重要条件，这里应表达出诚挚的谢意。

第三，小结旅游，是指与游客共同回忆这段时间所游览的项目、参加的活动等，给游客一种归纳、总结之感，将许多感官上的认识升华为理性认识，提升旅游的品质。

第四，征求意见，是指对服务环节向游客征求意见，希望通过游客的帮助，及时改进或改正，并对服务中出现的问题或不足之处向游客致歉，敬请游客谅解。

第五，期盼重逢，是指要表达对游客的情谊，希望游客成为回头客。

(二)欢送词的具体要求

第一，要精心准备。欢送客人是把感情推向高潮的重要一步，它往往关系到一个团队对导游人员的综合评价和最后评价。送别做好了，是能给游客留下长久印象的。

第二，要有针对性且灵活机动。与欢迎词一样，欢送词也要因时、因地、因游客不同而异。

第三，语气应真挚，富有感情，或道出依依惜别之情，或表达友爱之情。送别一些较为重要的团体时，往往要举行仪式或宴会。在这种正式场合所致的欢送词，内容要全面，语言也要更加规范，以表现出庄重的色彩。

第四，送游客离开后要做适当停留。与游客挥手告别之后，一般要等飞机上天，轮船离岸，火车出站再离开现场。切忌仓促挥手，扭头就走。

【自我学习】

一、填空题

1. 欢迎词一般包括五个方面的内容，即表示欢迎、表示态度、(　　)、(　　)、预祝成功及旅途愉快。

2. 欢送词一般应包含五个基本要素，即(　　)、感谢合作、小结旅游、(　　)、期盼重逢。

3. 常见的欢迎词类型有(　　)、闲谈型、(　　)等。

二、简答题

致欢送词时有哪些具体要求？

任务 11 答案

>> 任务 12　概况讲解服务 <<

【任务描述】

学习概况讲解的相关知识，为游客提供良好的概况讲解服务。

【技能实训】

实训任务	编写某景区(点)概况讲解导游词，并完成讲解任务
实训目标	1. 知识目标：能够复述概况讲解的基本要求和主要内容 2. 技能目标：能为游客提供概况讲解服务 3. 素质目标：具备“游客至上”的服务意识、“礼貌待客”的优秀品质、“热情诚挚”的服务态度

续表

实训学时	建议4学时
实训地点	教室或导游实训室
实训条件	1. 校内实训室：导游讲解扩音器、导游旗、景区(点)全景图或导游图等 2. 校外实习基地：2～3家旅游景区(点)
实训流程与标准	1. 明确任务：编写某景区(点)概况讲解导游词，并完成讲解任务(教师可限定一定时间，如3分钟、5分钟、8分钟等，学生需要在规定时间内完成讲解任务) 2. 设计、编写概况讲解导游词 3. 校内外实训指导教师审阅文本，提出修改意见 4. 学生课下模拟训练 5. 在实训室进行模拟讲解及考核评价 6. 修改稿件，录制视频，提交成果
实训考核建议	1. 考核内容：态度＋纪律＋课堂演示＋成果(导游词或讲解视频等) 2. 考核方式：实训室模拟＋导游词文本 3. 考核主体：教师、学生、企业兼职教师

【理论知识】

概况讲解是沿途讲解和景区(点)讲解的一个重要组成部分。概况讲解是指对旅游目的地或游览项目的位置、范围、地位、意义、历史、现状和发展前景等做概括性介绍，目的是帮助游客了解旅游目的地或游览项目的总体情况，引发游客的游览兴趣。概况讲解考验导游人员的总结能力和表达能力。高质量的概况讲解会让游客在短时间内迅速了解讲解对象的整体面貌，对其产生初步认识，起到“导引”的作用。

一、概况讲解的基本要求

第一，条理清晰，重点突出。在进行概况讲解之前，导游人员必须厘清思路，明确讲解框架，选取重点内容，形成条理。一般不必面面俱到，而是要突出重点与特色，突出那些能够引起游客共鸣或引发游客兴趣的内容。

第二，语言精练，通俗易懂。概况就是大概的情况，所以导游人员在进行概况讲解时一定不要长篇大论，就重要方面进行言简意赅的表达即可。同时，所讲解的内容要浅显、通俗，易于游客理解和接受。

第三，生动形象，感染力强。导游人员在概况讲解之前要进行精心的设计，要多运用生动形象的语言，还要结合多种导游技巧，如问答法、悬念法、虚实结合法、类比法等，强化互动和交流效果，使原本生硬、死板的讲解内容“活”起来，形成较强的感染力。

二、概况讲解的主要内容

☞学与思

响沙湾概况介绍

响沙湾坐落在内蒙古自治区鄂尔多斯市达拉特旗地区，地处库布齐沙漠东端，是距离中国东部客源地比较近的沙漠旅游胜地。

响沙湾景区面积大约为24平方千米，地处山西、陕西和内蒙古金三角地带，被称为“黄河金腰带上的金纽扣”。

响沙湾在蒙古语中被称为“布热芒哈”，意为“带喇叭的沙丘”。此地也因为“沙子会唱歌”而闻名海内外。响沙湾沙高110米，坡度45度，呈弯月状，因此形成一个很大的沙山回音壁。当人们顺着云梯攀爬而上，爬到沙顶，再从沙顶向下滑动时，便会听到犹如飞机掠空而过的轰鸣声。当人们双手相对猛力向中间捧沙时，便会听到“呱——呱——”的蛙鸣声。

响沙湾于1984年被开发为旅游景区，2002年被评为国家4A级旅游景区，2011年被评为国家5A级旅游景区。响沙湾和成吉思汗陵是内蒙古自治区最早的两个5A级旅游景区。今天的响沙湾已经发展成集观光与休闲度假于一体的综合型沙漠休闲景区，被誉为“中国沙漠度假地”和“沙漠中的迪斯尼乐园”，是著名的国家文化产业示范基地。

响沙湾旅游景区，是沙的世界，是欢乐的海洋。这里有世界上第一条沙漠索道，有中国现存旅游景区内最大的骆驼群，有占地3万多平方米的沙漠世界，有令人震撼的沙雕文化展，有首批国家非物质文化遗产——“鄂尔多斯婚礼”大型舞台实景演出，有地球上唯一不用砖、瓦、沙、石、水泥、钢筋材料而建造的绿色环保的莲花酒店……

【思考】

案例中主要介绍了响沙湾的哪些内容？

第一，景区(点)的地理位置和地理范围。导游人员一般要讲清楚该景区(点)位于哪里，大体在什么方向(位)，地理面积或者大体范围有多大。

第二，景区(点)的历史和人文概况。景区(点)的历史和人文概况主要包括名称的由来、历史背景、历史沿革(演变)、主要成因等。

第三，景区(点)的目的、用途、重要性、地位等。导游人员要简单介绍景区(点)建设的主要目的或者市场定位，有哪些重要用途，有哪些重要意义，在同类景区(点)中所处的地位如何或者在世界上、全国、全省的地位如何。

第四，景区(点)的荣誉称号、社会评价等。这部分内容一般彰显景区(点)的成就、成果以及在社会上的知名度和美誉度等。

第五，景区(点)的资源特色和独特价值，如历史价值、美学价值、文化价值等。这部分内容主要起到“引”的作用，会让游客对景区(点)存有期待，激发游客想要一探究竟的游览欲望。

三、概况讲解的注意事项

第一，要善于打破固定的思维模式和讲解模式。在进行概况讲解时，不要按部就班、僵化教条，这样往往会使游客厌烦，注意力不集中。导游人员应努力创造轻松愉快的氛围，将讲解内容自然地融入与游客的互动或交流过程中，并根据游客的反应灵活应变，适当调整，千万不可“念经式”“填鸭式”地说教。

第二，在进行概况讲解时，导游人员要做好铺垫和引导，不能一上来就和游客说“下面我给大家介绍一下××的概况”，而应以某一事件、某一现象、某种说法等作为导入，激发游客的兴趣或好奇心，然后再水到渠成地进行讲解。

第三，导游人员应根据时间、地点、游客需求来确定讲解内容。讲解内容可长可短，可详可略。

【自我学习】

一、填空题

1. 概况讲解是指对旅游目的地或游览项目的位置、范围、地位、意义、历史、现状和发展前景等做(　　)介绍，目的是帮助游客了解旅游目的地或游览项目的总体情况，引发游客的(　　)。

2. 在进行概况讲解时，导游人员应根据(　　)的反应灵活应变，适当调整，千万不可“念经式”“填鸭式”地说教。

二、简答题

概况讲解的基本要求是什么?

任务 12 答案

>> 任务 13　沿途讲解服务 <<

【任务描述】

学习沿途讲解的相关知识，为游客提供良好的沿途讲解服务。

【技能实训】

实训任务	选择或设计一条旅游路线或旅游景区内部路线，编写沿途讲解导游词
实训目标	1. 知识目标：能够复述沿途讲解的特点、内容、要求和基本方法等知识 2. 技能目标：学会沿途讲解技能，完成沿途讲解服务 3. 素质目标：具备“游客至上”的服务意识、“礼貌待客”的优秀品质、“热情诚挚”的服务态度
实训学时	建议 4 学时
实训地点	教室或导游实训室

续表

实训条件	1. 校内实训室：导游讲解扩音器、导游旗等；旅游交通工具模拟场景(景区内部交通工具模型或旅游大巴车模型等) 2. 校外实习基地：机场、火车站、码头、酒店、旅游景区等
实训流程与标准	1. 分学习小组，每小组承担一条旅游路线的沿途讲解任务 2. 实地踩线，设计、编写沿途讲解导游词 3. 校内外实训指导教师审阅文本，提出修改意见 4. 学生课下模拟训练 5. 运用图片、视频、PPT 等手段呈现旅游路线，并在实训室进行讲解展示 6. 在实训室进行模拟讲解及考核评价(也可选择在旅游大巴车上或景区内进行实战演练并进行考核评价) 7. 修改稿件，录制视频，提交成果
实训考核建议	1. 考核内容：态度＋纪律＋课堂演示＋成果(导游词＋PPT＋讲解视频) 2. 考核方式：实训室模拟(或现场实操)＋导游词文本＋PPT 汇报 3. 考核主体：教师、学生、企业兼职教师

【理论知识】

在旅游过程中，游客有很大一部分时间是在旅途中度过的，旅途客观上也构成了游览活动的一部分。因此，导游人员需要在旅途中为游客提供相应的讲解或娱乐服务，以缓解游客的疲劳感，为游客的旅途增添乐趣。旅途一般可分为四种情况：一是从旅游交通集散地到入住宾馆的途中；二是从宾馆前往景区(点)或从景区(点)返回宾馆的途中；三是从某个旅游目的地到另一个旅游目的地的途中；四是在旅游景区(点)内的交通工具上或者道路上行进的途中。在这几种情况下，如果导游人员能够提供贴心且令人愉快的沿途讲解服务，那么无疑会让游客获得更好的旅游体验。

一、沿途讲解的特点

沿途讲解一般在旅游交通工具上进行，与景区(点)内的讲解相比，具有以下特点：第一，讲解时所处的空间较小；第二，游客相对静止，旅游交通工具不断移动，讲解内容需因时、因地、因场景的不同而得到调整；第三，讲解时受到的外界干扰相对较少，游客的注意力更容易集中，游客的积极性更容易被调动；第四，旅途一般较长，游客很容易疲劳，因此讲解内容要更加生动，富有趣味性。

二、沿途讲解的内容

第一，从旅游交通集散地到入住宾馆的途中。一般来讲，这种旅程多指从机场、车站、码头等到入住宾馆的旅程，旅程时间相对较短。在进行沿途讲解时，导游人员应该主要讲解所在地的基本情况，如当地的发展历史、地理特征、民风民俗、餐饮习惯、特色小吃、名牌产品、土特产品、旅游纪念品、著名旅游景点等。这种沿途讲解主要起到“导引”的作用，目的是让游客对当地有基本的认识和了解，引发游客对当地的兴趣和游玩的意愿。

第二，从宾馆前往景区(点)或从景区(点)返回宾馆的途中。从宾馆前往景区(点)时，游客普遍具有求知的心理，对将要参观游览的景区(点)充满好奇。这时候，导游人员要重点满足游客的这种需求，在进行沿途讲解时要多讲一些有关景区(点)的内容，如景区(点)的历史沿革、重要地位、参观价值、游览重点、传说故事、趣闻逸事等。这时的沿途讲解主要起到"导览"的作用，目的是激发游客的探求欲望和游览兴趣。从景区(点)返回宾馆的途中，导游讲解的重点在于对参观游览活动进行总结，并鼓励游客参与互动，达到升华游览体验的目的。在从宾馆前往景区(点)或从景区(点)返回宾馆的途中，导游人员还可以对沿途景观、城市风光、标志性建筑、商业街布局、大型商场、超市、闹市区等进行讲解，做到见什么讲什么，当然也要有所选择。

第三，从某个旅游目的地到另一个旅游目的地的途中。长途陆路旅行常要经过几个重要城市、地区，各地可能都有值得讲解的风景名胜、文化古迹和民族风情。对于这些内容，导游人员应该熟练掌握，每经过一个地方，就要对当地做一个简要介绍。也就是说，在长途旅行中，导游人员要围绕沿途景观，引出不同话题，并就游客感兴趣的内容进行有针对性的沿途讲解，以满足游客求知、求乐、求新、求奇的需求。

第四，在旅游景区(点)内的交通工具上或者道路上行进的途中。比较大的旅游景区(点)内也会涉及沿途讲解。例如，在旅游景区(点)内的小交通工具(包括观光车、渡船以及其他内部交通工具)上，导游人员一般也要对沿途的风景或者与景区(点)相关的知识进行讲解。因此，导游人员应根据沿途所见，精心设计沿途讲解内容，为游客提供有针对性的沿途讲解服务，以提升游客的旅游体验。

三、沿途讲解的要求

(一)把握好讲解节奏和信息传递量

一般来讲，导游讲解时间占整个旅途时间的60%～70%为最佳。如果旅途较长或者是在返程途中，导游人员可组织一些娱乐活动，以活跃气氛，缓解游客的疲劳感。

(二)把握好讲解时机，指引、指示明确及时

导游人员应把握好讲解时机，当游客把视线投向导游人员所讲的景观时，景观应正好落在游客的视线范围内。这时候，明确及时地指引方向或指示所要讲解的对象就显得至关重要。比如："……在你们的左边(右边)。""你们左边的棕黄色建筑物是……"

（三）所讲与游客所见有机结合

导游人员在进行沿途讲解时，应注意观察车窗外的风景，将车外的风景与讲解结合起来，切忌不顾游客所见所闻，自顾自地讲解。

（四）鼓励游客参与，在与游客的互动中传播知识

导游人员在进行沿途讲解时，可以采用问答、游戏、比赛等形式与游客进行互动，将游客的注意力吸引到所讲解的内容上去，提高游客的兴致，活跃车内的气氛。

（五）讲解与组织活动、安排游客休息有机结合

导游人员不要总是唱独角戏，而应该适当地组织一些活动，如让游客讲故事、唱歌、猜谜、学方言等，以调动游客的积极性，激发游客的热情。导游人员不仅要组织好这些活动，还要主动参与其中，与游客一同营造出和谐、热烈、轻松、愉快的旅途氛围。此外，如果是长途旅行，导游人员还要适时安排游客休息时间。

四、沿途讲解的基本方法

有很多常见的沿途讲解方法可以起到锦上添花、强化讲解效果的作用，如点面结合法、沿途谈天法、概述法、背景说明法、类比法、画龙点睛法、问答法等。这里主要介绍以下几种。

（一）点面结合法

所谓点面结合法，是指导游人员把游客感兴趣的某件事，从客观的角度进行表象化讲解的同时，有意识地将其延伸到一个面，与所要阐述的观点自然联系起来，并过渡到实质性的导游讲解上去。例如，在沿途讲解过程中，如果游客来自海外，导游人员可以向游客介绍我国的大好河山、悠久历史和风土人情，还可以适当地向游客介绍我国的政治、经济形势，使游客加深对我国的了解，充分发挥“民间大使”的作用，力求做到既达到宣传目的，又避免使游客产生政治说教或强加于人的感觉。比如，某外国游客看见一座高大的铁塔，问那是什么。简单回答“那是电视塔”就可以，如果再进一步，还可以告诉游客塔高多少米、何年所建。但若用点面结合法，就可以深入介绍以下内容，如我国的电视发展情况、电视在我国的应用情况、电视节目内容、中国的电视节目和西方电视节目的差别等，这样就可以让游客从一个电视塔了解中国电视业的全貌。从这个意义上讲，这种方法也可以被称为“借题发挥法”或“由此及彼法”。

（二）沿途谈天法

沿途谈天法，指的是在沿途中，导游为拉近与游客的距离、增进彼此间的了解

而进行的一种无拘无束的交谈。通过这种方法，游客可以将自己的感受、想法、要求都毫无保留地“谈”出来。导游人员获得相关信息后，可以有针对性地进行下一步的讲解工作。在开展谈天活动时，导游人员要注意以下几点：第一，要谈健康的话题，要谈双方都感兴趣的话题，在交谈中注意“求同存异”；第二，谈天时既要畅所欲言、推心置腹，又要注意分寸、恰到好处，不可漫无边际；第三，切忌一本正经和装腔作势，最好要幽默、生动、有趣；第四，不谈年龄、工资、婚姻、饰物价格、住房大小等一些隐私的话题，可以多谈天气、园艺、足球、习俗等游客感兴趣的话题；第五，不可只与某位游客交谈而忽视其他游客，不要给其他游客以厚此薄彼的感觉。

(三)概述法

概述法多用于接到游客后乘车前往下榻酒店的途中或者进入旅游景区(点)之前的途中。这时候，导游人员应该向初到当地的游客介绍当地情况，如地理、历史、文化、民俗风情等，使游客对即将参观游览的地方有大致的了解。这种方法就像交响乐的序曲、一篇文章的序言一样，能起到引导游客进入特定的旅游意境、初步领略游览地魅力的作用。此法运用得当，就能为导游人员之后的工作奠定良好的基础。导游人员运用概述法时，要因人、因时、因地、因路程长短而异。

(四)背景说明法

如果即将参观的对象是具有一定历史背景或时代背景的，导游人员可以在到达景区(点)前，介绍一些对游客理解所参观对象有帮助的相关背景知识。例如，在从呼和浩特市区去大召寺的路上，导游人员可以介绍一下内蒙古的喇嘛教(藏传佛教)。

【自我学习】

一、填空题

导游人员需要在旅途中为游客提供相应的讲解或娱乐服务，以(　　)的疲劳感，为游客的旅途增添乐趣。

二、简答题

沿途讲解的要求是什么?

三、列举题

请列举沿途讲解常见的方法(不少于四种)。

任务 13 答案

>> 任务 14　不同类型景区(点)的讲解服务<<

【任务描述】

学习讲解各种类型景区(点)的相关知识，掌握必要的讲解技巧和讲解方法，在不同类型的景区(点)中提供讲解服务。

【技能实训】

实训任务	完成各种类型景区(点)的讲解任务
实训目标	1. 知识目标：熟悉各种类型景区(点)的特点及讲解重点；掌握必要的讲解技巧 2. 技能目标：能够合理规划参观路线，发掘讲解亮点，完成不同类型景区(点)的讲解任务 3. 素质目标：提高语言表达能力、沟通能力、组织协调能力、应变能力
实训学时	建议 12 学时
实训地点	教室或导游实训室
实训条件	1. 校内实训室：学生用电脑、多媒体设备等 2. 校外实习基地：3～5 家旅游景区(点)
实训流程与标准	1. 分配学习小组，明确小组任务，选定实训目的地——每个小组需要选择至少两个不同类型的景区(点) 2. 学习小组赴景区(点)参观，观摩导游讲解，构建景区(点)旅游路线及重点游览内容框架 3. 撰写讲解词并交指导教师审核修改 4. 进行无实物讲解练习，熟悉讲解词，揣摩讲解技巧 5. 在实训室进行模拟讲解(若有校外实训条件，亦可进行实地讲解)，指导教师进行现场指导、考核评价 6. 学习小组互学、互评，并进行讲解总结和经验交流
实训考核建议	1. 考核内容：态度＋纪律＋汇报＋成果 2. 考核方式：模拟讲解或现场讲解 3. 考核主体：教师、学生、企业兼职教师

【理论知识】

景区(点)游览观光是旅行的中心环节，导游讲解服务则是景区(点)导游服务的核心任务。景区(点)导游讲解服务的基本要求是全面、准确、生动。全面是指结构完整，不漏景点，不漏要点。准确是指导游人员的语言要具有科学性，科学性越强，就越能吸引游客的注意，满足他们的求知欲，彰显导游人员的“专家”水平。生动是指导游人员的讲解一定要幽默诙谐、妙趣横生、发人深省、引人入胜。但是，讲解不同类型景区(点)时的侧重点、主要内容以及所需技巧是不尽相同的。因此，导游人员应了解不同类型景区(点)的特点，掌握讲解不同类型景区(点)的技巧。

景区(点)的景观大体可分为两大类，即自然景观和人文景观。

自然景观是指由具有一定美学价值、科学价值和游览观赏价值，并具有旅游吸引力的自然资源构成的景观。自然景观具有与众不同的形态美、色彩美，等等。自然景观主要包括山岳景观、水体景观等。

人文景观是指人类活动所留下的具有观赏价值的痕迹或实物。人文景观具有突出的历史文化特性(地域性、民族性、时代性、文化性、思想性等)和人文审美特性(和谐美、统一美、艺术美、创造美等)。人文景观主要包括建筑景观、园林景观、宗教景观、博物馆以及在此基础上发展起来的其他新形态的景观等。

下面，按照上述类别，分别介绍讲解服务的相关知识及技巧。

一、山岳景观导游讲解

山岳景观是指以山岳为主体，具有丰富的景观资源，足以吸引人们进行游览观光、科学考察和登山探险等旅游活动的山岳区域。其景观资源不仅包括山岳本身，还包括以山岳为载体的涌泉飞瀑、气候气象、湖泊流水、森林植被、飞禽走兽以及宗教、历史、人物和建筑设施等。

(一)山岳景观的特点

1. 形态美和色彩美

山岳景观垂直变化大，故能以雄、奇、险、幽、旷等形态美和多样的色彩美展示其特有的美感。“雄”是指山体景观的高大形象，是能动人心魄的一种美；“奇”是指那些经过地球外力作用和人类开发改造而形成的、具有奇特风格的山岳景观形态；“险”则是自然风景中和“奇”一样能以特殊的夸张形式打破某种平淡印象而引起人们的强烈兴趣、带来特殊的感官享受的一种美；至于“幽”，主要是指在空间范围较小的丛林山谷中，由于道路曲折，视线常常被遮挡，加之植被茂密，透光量较小，使人不能一目了然，从而具有深不可测之感；“旷”的特点与“幽”刚好相反，即视野开阔、平展而坦荡，极目远眺，一望无际，能令人心驰神往、心潮澎湃，进而有一种心胸开阔的畅快之感。

2. 价值的综合性

山岳景观不仅能给游客以雄伟、高大、庄重、深邃、神秘、秀丽、奇绝等丰富的美感，而且由于其地质结构复杂，植被茂密，空气清新，气候变化多端，还能供游客进行科学考察、登山健身、消夏避暑、文化欣赏等多种活动。

3. 协调美和衬托美

山地是其他景观不可缺少的背景和借景。例如，颐和园就是以万寿山和昆明湖等为造园的背景，同时它又远借西山群峰和玉泉山、玉峰塔，与昆明湖组成美丽的湖光山色图。又如，承德避暑山庄就是在当地的丹霞地貌基础上建立起来的，同时又借罗汉山、碧锤峰、鸡冠山、蛤蟆石、僧帽山等千姿百态的群山和蜿蜒曲折的武烈河来丰富山庄的景色，将山庄有限的空间扩展到大自然中，以浓厚的山林野趣气氛引人入景。

4. 自然美与历史性、文化性、艺术性的有机结合

我国山岳景观的一大特色是历史、文化、艺术与自然山水的有机结合，主要体现为山岳景观中的建筑和神话传说等。人们在改造和利用山地时，十分注重景观的协调性，在山景妙处往往点缀人文景观，如亭、台、楼、阁、道路等，强化景观的美感。此外，依附于山岳景观的各种神话传说和历史故事，也可加深游客对山岳景观的感悟，增添游览乐趣，更为山岳景观的美感锦上添花。一般来讲，景区(点)的神话传说、历史故事多与自然地理和人文地理有关，如沿节理面断裂的巨石，大多留有“试剑石”的美谈；在造型地貌上形似人物、走兽者，总被冠以仙、神之尊的称号；龙虎山的传说必然与道教创始人张天师有关；泰山的传说、故事多离不开帝王登山封禅的题材。在讲解自然景观的自然美时，导游人员要正确而恰当地使用有关的神话传说。一个好的神话传说能够彰显自然景物的魅力，加深人们对自然美的认识。神话传说与自然风景是相互依存的，所以导游人员要把讲传说、观美景两种活动结合起来。在讲解过程中，导游人员还应注意所讲内容的科学性，最好能讲出“所以然”来。有些神话传说的内容很庸俗，缺乏文化内涵，因此导游人员应有选择地使用。

(二)山岳景观的讲解技巧

1. 引导

导游人员在引导游客欣赏山岳景观时，必须选准观赏位置，把握观赏时机，调节观赏节奏，并将观赏与思考、观赏与情感相结合，这样才能使游客的审美情趣不断得到提升。例如，要去泰山观日出，就要早早地到达观景点，且以夏至与冬至前后各一个月为最佳观赏期；峨眉山的佛光需要具备一定的气象和地形条件才能产生；黄山的云海最好在每年的秋季观赏；而南方山岳雪景则只能在冬季观赏。在一定时段内，游客的感官对外界的信息量有一定的承受限度。刺激强度不足，难以激发游客的兴奋点，而刺激强度过大，又会使人疲劳和麻木。因此，在观赏山岳景观时，导游人员应根据游客的旅游目的、体能状况、可支配时间、要求以及旅游季节、景观特点来确定游览节奏，使之有张有弛，使游客既可以大致游览，又可以仔细观赏；使整个游览活动既有序幕、发展、高潮，又有恰当而圆满的结尾。

2. 次序

山岳景区规模大、景点多，要使游客对景区有一个全面、整体的了解，导游人员的讲解顺序很有讲究。通常情况下，导游人员应按照游览路线进行讲解，可先在游览示意图前对景区的地理位置、游览路线、景观布局、游览时间和注意事项做概括性的介绍，使游客对整个游览过程有一个初步的印象。进入景区后，导游人员可以按照游览路线上的景点分布顺序逐一进行讲解，在讲解一个景观时不要过多涉及下一个景观，以保留下一个景观的神秘感，使讲解一环扣一环，环环扣人心弦。在此过程中，导游人员还可以从实际出发，穿插介绍景区的历史沿革、行政区划、开发典故、欣赏价值以及相关的神话传说、历史故事等。

3. 重点

在介绍山岳景区时，导游人员应重点讲解以下内容。

第一，有代表性的内容。每一个山岳景区都有自己的代表性景观，这些景观既有自身的特征，又能概括景区的全貌。这是导游人员必须讲解的重点内容。

第二，具有独特性的内容。不同的山岳景区有着不尽相同的地质构造、地貌形态、动植物分布、气候景观、历史沿革、宗教文化以及旅游价值。导游人员在讲解时应突出介绍其独特的一面、与众不同之处，从而有效地激发游客的兴趣，避免使游客产生雷同的感觉。

第三，突出“……之最”。导游人员可以根据景区(点)的实际情况，突出介绍“这是全世界或亚洲、中国、某省、某市最大或最小、最长、最高、最早、最古老、最新、最受欢迎的……”，以此提升该景区(点)的观赏价值，给游客留下深刻印象。例如：“张家界国家森林公园，是中国最早成立的国家森林公园，是最受国内外游客欢迎的山岳名胜风景区之一。”

4. 悬念

山岳景区中蕴藏着许多大自然的奥秘，其神秘的一面常常能激发游客的极大兴趣。导游人员在讲解这些内容时，要善于制造悬念，激发游客的求知欲，让游客在悬念中强化对山岳景区的认识。例如：“黄山的奇松异石名扬天下。这里的松树能从坚硬的花岗岩里长出来，而且它的造型还特别奇特。知道这是为什么吗?”相信大部分游客不知道答案。当导游人员揭晓答案时，游客就会恍然大悟，高兴之余往往会对黄山的奇松产生无限的遐想。

5. 结合

我国的名山很少是纯自然的景观，由于绝大多数拥有悠久的历史和深厚的文化底蕴，因而形成了人工点缀自然美的景色，甚至有一部分山岳已直接转化为历史文化名山。导游人员在讲解时，应十分注重自然因素和人文因素的结合，充分联系历史、宗教、文化等人文因素，将自然景观之自然美和其他审美要素充分结合起来，提升其原有的价值，令游客获得更深层次的旅游体验。人文知识能够提升人们对自然美的欣赏水平，丰富自然美景的意蕴，使人们从单纯的自然风景中体会到一种诗情画意，不但能看到它们的外在形象美，还能理解它们的内在理性美和历史文化美。在讲解自然景观的人文美时，导游人员还应着重介绍其内含的史学价值、艺术价值和社会学价值。

☞**学与思**

安徽黄山导游词①

黄山，位于中国安徽省南部，属中国南岭山脉的部分，全山面积约 1200 平方千米。黄山山系中段，是黄山的精华部分，也就是我们要游览的黄山风景区，面积约 154 平方千米。它在黄山市境内，南邻歙县、徽州区、休宁县和黟县，北连黄山区。这五个县、区也都隶属黄山市管辖。

黄山在中国唐代以前叫黟山，黟是黑的意思，因为山上岩石多是青黑色的，所以古人就给它起了这样一个名字。传说咱们中华民族的先祖轩辕黄帝在完成中原统一大业、开创中华文明之后，来到这里采药炼丹，在温泉里洗澡，因而得道。唐玄宗李隆基非常相信这个说法，就在天宝六年(747 年)下了一道诏书，将黟山改名为

① 周国忠、牟丹:《景区导游》，72～74 页，天津，南开大学出版社，2008。(有改动)

黄山。意思是，这座山是黄帝的山。从那以后，黄山这个名字就流传到现在。

朋友们，你们不远千里，甚至万里来到这里，不就是要亲眼看一看黄山的美吗？是的，黄山是绝美绝美的，可以说是天下第一奇山。能够登临它，亲眼看看它，确实是人生的一大乐事。在很久很久以前，在漫长的地质演变中，大自然的无穷力量，塑造了黄山那绝美的风采和种种奇特的景观，令人倾倒，令人心醉。

黄山的美，首先就美在它的奇峰。这里群峰竞秀，峰峰称奇，各有特色，各具神韵。黄山奇峰到底有多少，至今还没有一个确切的数字。历史上先后命名的有36大峰、36小峰，近年又有10座名峰入选《黄山志》。这八十多座山峰的海拔绝大多数都在千米以上，其中莲花峰最高(1864.8米)，光明顶次之(1841米)，天都峰排行老三(1810米)，这三大峰和风姿独秀的始信峰(1668米)是黄山的骄傲。来黄山的朋友，哪怕登上这四座奇峰中的一座，也算不虚此行了。

下面，我再把黄山“四绝”分别做个介绍。

说起黄山“四绝”，排在第一的当是奇松。黄山松奇在什么地方呢？首先奇于它无比顽强的生命力，让你见了不能不称奇。一般来说，凡有土的地方就能长出草木和庄稼，而黄山松则是从坚硬的花岗岩里长出来的。黄山到处都生长着松树，它们长在峰顶，长在悬崖峭壁，长在深壑幽谷，郁郁葱葱，生机勃勃。千百年来，它们就是这样从岩石缝中生长出来，根儿深深扎进岩石里，不怕贫瘠干旱，不怕风霜雨雪，潇潇洒洒，铁骨铮铮。你能说它不奇吗？其次奇于它那特有的天然造型。从总体来说，黄山松的针叶短粗稠密，叶色浓绿，枝干曲生，树冠扁平，显出一种朴实、稳健、雄浑的气势，而每一处松林、每一株松树，在长相、姿容、气韵上，又各有不同，都有一种奇特的美。人们根据它们的不同形态和神韵分别给它们起了贴切自然而又典雅有趣的名字，如迎客松、黑虎松、卧龙松、龙爪松、探海松、团结松，等等。它们是黄山奇松的代表。

怪石，是构成黄山胜景的又一“绝”。在黄山到处都可以看到奇形怪状的岩石，这些怪石的模样儿千差万别，有的像人，有的像物，有的反映了某些神话传说和历史故事，活灵活现、生动有趣。在121处名石中，知名度高的有“飞来石”“仙人下棋”“喜鹊登梅”“猴子观海”“仙人晒靴”“蓬莱三岛”“金鸡叫天门”等。这些怪石有的是庞然大物，有的奇巧玲珑；有的独立成景，有的是几个组合或同奇松巧妙结合成景。有些怪石，在不同位置和角度观赏，模样儿也会有变化，成了一石二景，如“金鸡叫天门”又叫“五老上天都”，“喜鹊登梅”又叫“仙人指路”，这些都是移步换景的缘故。还有些怪石，在不同条件下看，会让人产生不同的联想，因而也就有了不同的名字，如“猴子观海”又叫“猴子望太平”。

再说云海。虽然在中国其他名山上也能看到云海，但没有一个能比得上黄山云海的壮观和变幻无穷。大约就是这个缘故，黄山还有另外一个名字，叫“黄海”。这可不是妄称，是有历史为证的。明代潘之恒，晚年与黄山结下不解之缘，于万历年间重编《黄山志》，取名《黄海》。黄山的一些景区、宾馆和众多景观的命名，都同这个特殊的“海”有关联。有些景观，若在云海中观赏，就会显得更加真切，韵味也更足了。这些也都证明，“黄海”这个名字是名副其实的。

最后，介绍一下温泉。我们常说的黄山温泉是前山的黄山宾馆温泉，古时候又叫汤泉，从紫石峰中涌出。用它命名的温泉景区，是进入黄山南大门后最先到达的景区。温泉水量充足，水温常年保持在42℃左右，水质良好，并含有对人体有益的矿物质，有一定的医疗价值，对皮肤病、风湿病和消化系统疾病有一定的疗效。黄山温泉不止一处。黄山北坡叠嶂峰下，还有一个温泉，叫松谷庵，古称锡泉。它与山南的宾馆温泉水平距离7.5千米，南北对称，遥相呼应。

除了“四绝”之外，黄山的瀑布、日出和晚霞，也是十分壮观和奇丽的。

黄山，山高坡陡，溪流从高山峡谷中奔涌出来，从陡谷悬岩上飞落下来，就形成瀑布。“山中一夜雨，处处挂飞泉”，就是对黄山瀑布的生动写照。黄山瀑布很多，最壮观的有“九龙瀑”“人字瀑”和“百丈瀑”。

黄山四季分明：春天青峰滴翠，山花烂漫；夏天清凉一片，处处飞瀑；秋天天高气爽，红叶如霞；寒冬则是银装素裹，冰雕玉砌。黄山确实是一个旅游、避暑、赏雪的绝好去处。

【思考】

本篇导游词应用了哪些讲解技巧？试着分析本篇导游词的优缺点。

二、水体景观导游讲解

水体景观是指由水体本身或以水为主与其他造景因素融合而形成的具有旅游观赏价值的自然景观，主要包括海洋、湖泊、瀑布、冰川、沼泽等景观。

我国的水资源丰富。流域面积在1000平方千米以上的河流达1600多条，大小河流总长度在40万千米以上；全国河流总水量约27000亿立方米，居世界第三位。面积大于100平方千米的湖泊有130多个，1平方千米以上的有2800多个。总长3.2万千米的海岸线，环大陆有渤海、黄海、东海、南海，加之数不胜数的涌泉、瀑布，使我国的万里山川处处透着妩媚。①

水不但有观赏构景的作用，在日常生活中，它还有疗养、保健、娱乐、休闲等多种作用。相比较而言，在各种旅游资源中，可以用水开展的旅游项目最为丰富。

(一)水体景观的类型

水体景观主要有以下几种。

第一，江河。江河是一种天然的地表水流。较小的水体被称为溪涧，较大的水体被称为江河。此外，还包括人类修建的人工河流，如京杭运河、灵渠、郑国渠等。

① 周国忠、牟丹：《景区导游》，75页，天津，南开大学出版社，2008。

第二，湖泊。湖泊是陆地表面比较宽阔的天然凹地蓄积的停滞或缓慢流动的水体。湖泊是陆地上最大的水体。著名的鄱阳湖、洞庭湖、太湖、洪泽湖、巢湖，即人们常说的“五湖四海”中的五湖，是我国最大的五个淡水湖。青海湖是我国最大、最著名的咸水湖。柴达木盆地中央的察尔汗盐湖是我国最大的盐湖。

第三，泉。泉指地下水的天然露头。泉水达到一定的规模就可形成泉水景观。泉的分布特点与气候、地形、地质、水文条件等有密切关系。

第四，瀑布。瀑布是因河床不连续而形成的倾泻水流。有的瀑布飞流直下，气势磅礴；有的轻垂崖边，柔曼轻舞；有的绿树掩映，幽曲媚秀；有的层层叠叠，交叉错落。所以瀑布是最活跃、最生动，也是陆地上最壮观的水景。一个完整的瀑布，一般由溪流、跌水和深潭三部分构成，具有形、色、声的美学效果。中国最具代表性的除了黄果树瀑布、壶口瀑布和吊水楼瀑布之外，还有蛟龙瀑布、诺日朗瀑布、大龙湫瀑布等。

第五，海洋。海洋是世界上广大连续水体的总称，约占地表总面积的71%。海水有疗养价值，海滨的沙滩、岩石和海底的珊瑚及水中的鱼类等有很高的观赏价值。人们可以在海滨观景、疗养、度假、海浴、做海上运动以及品尝海鲜等，故海滨多成为旅游胜地。在我国，大连海滨、青岛海滨、北戴河海滨、亚龙湾海滨等都是著名的海滨旅游胜地。

(二)水体景观的特点

我国水体景观的外观形态多样，内涵丰富。作为游览活动的组织者和主导者，导游人员有责任向游客传授水体景观的知识，让游客了解水体景观的效用价值，认识水体景观的文化内涵，帮助他们获得美的享受。因此，导游人员应掌握水体景观的特点以及欣赏方法，从而进行有针对性的讲解。

1. 具有美学价值

水之所以具有观赏性，是因为它具有美学价值，其美学价值主要包括形态美、色彩美、声音美、倒影美、味道美、光学美、奇特美等。下面简单介绍几种。

第一，形态美。海洋、江河、流泉、瀑布和外流湖泊以动态为主，内陆湖或部分淡水湖则以静态为主，受地形和季节的影响，有些水体又会呈现出有动有静、动静结合的特点。这些形态对游客有很强的吸引力。例如，“一滩复一滩，一滩高一丈，三百六十滩，新安在天上”描绘的就是新安江的形态美。又如，“欲把西湖比西子，浓妆淡抹总相宜”，把西湖形象化、人格化、美女化，道尽了西湖的形态美。

第二，色彩美。水体一般是没有色彩的，但是在光的散射、反射以及对水底植物的吸收作用下，便形成了我们看到的各种颜色。例如，九寨沟的五彩池，上半部呈碧蓝色，下半部则呈橙红色，左边呈天蓝色，右边则呈橄榄绿色，在阳光的照耀下，闪耀着五彩的光芒。

第三，声音美。水体在内营力、外营力的作用下，或受坡度影响而流动时，可发出各种声音，形成不同的声音美。节奏感很容易为人所接受并能引起共鸣。声音美对人的情绪也颇具影响力。例如，山间或溶洞中滴水的叮咚声，音色优美，速度均匀，使人精神放松；山间溪流的淙淙声，音调悠扬，刚柔适中，使人内心舒畅；江边惊涛的拍岸声，音色粗犷，雄浑有力，使人心潮澎湃；海上的涛声、风声、雨声、雷声等交织而成的和声，节奏急促，紧张有力，使人内心平静。

2. 具有文化价值

水体景观与具体的人、物等要素产生主客体互动之后便有了文化价值。水体景观的文化价值就在于它对人的熏陶和启迪作用。导游人员应帮助人们更好地了解水体景观，欣赏水体景观，进而体会到人水和谐的重要意义。水乃至柔之物，不仅具有形态美，而且具有意境美。曲折斑驳的水面既富野趣，也象征了一种为人处世之道。例如，《论语·雍也》中的“智者乐水，仁者乐山”，提出了君子比德于山水的美学命题。水体景观蕴含着博大、无私、豁达、纯洁、雄壮、温柔等种种文化元素，历来为人们所推崇和喜爱。导游人员应恰到好处地将水的多元文化价值传递给游客，让游客获得审美体验，享受到精神层面的愉悦与触动。

(三)水体景观的讲解技巧

1. 把握讲解时机和观赏时机

把握观赏时机在讲解水体景观时至关重要。游览江河湖海等景观时，一般都乘水上交通工具。这种游览是在移动中进行的，与处于静止状态的驻足观赏是不同的，只能向前移动，无法退后重复观赏。例如，游客乘坐轻快的竹筏漂流时，如不及时捕捉优美的山水风景，很快就会错过。为此，导游人员必须提前为游客重点讲解观赏点，并通知游客留心观察迅疾而过的美景，否则一旦错过，就很难再看到。

2. 选择不同的位置和不同的角度

站在高处眺望水体景观，可以获得一幅较为全面、完整的图景。例如，站在颐和园万寿山顶的佛香阁前眺望昆明湖，可以看到昆明湖的全貌，秀丽的湖光山色仿佛是一幅绝妙的山水画，而站在湖畔近观昆明湖(浩瀚的昆明湖，配上精巧的知春亭、迷人的十七孔桥及西山群峰)，又是另一番迷人的景象。从不同角度观赏，可以领略不同的美。因此，导游人员应引导游客在不同的位置上，从不同的距离、角度，全方位地欣赏景观之美。

3. 把握观赏节奏和讲解节奏

在带领游客游览水体景观时，导游人员要注意把握观赏节奏和讲解节奏，尤其是在岸边游览时，要注意行进速度，在精彩景点处要引导游客慢行，稍加逗留，做集中讲解；在一般风景处应让游客稍微加快速度，讲解时略加“点拨”即可；行进一段路后应安排休息，并利用此机会做专题性讲解。如果来不及讲个别重点景点，可以回到船上后再补充。

4. 巧妙运用虚实结合法

水体景观之“实”包括一切吸引游客注意力的实物、实景以及景观的地质成因、历史演变、物产情况、旅游业开发现状与未来发展前景等。水体景观之“虚”包括与其有关联的神话传说、民间故事、名人逸事、历史典故等。在讲解过程中，导游人员应注意以下几点。

第一，见“实”讲“虚”。凡是看到的景观，从花草树木到亭台楼阁，从水波山色到书画碑刻，都可被用来引讲各种与水体景观有关的趣闻逸事。

第二，以“实”带“虚”，即以讲“实”开头，引出属于“虚”类的讲解素材。例如，讲到水体景观所处的地理位置、形成原因和历史沿革时，可讲述动人的民间传说与神话故事，使其成为“实”讲的补充与烘托。

第三，以“虚”引“实”。以讲“虚”开头，激发游客的兴趣，再把游客往“实”的方面引，略加点“理论性”的介绍。

第四，讲“虚”激“趣”。游客的兴趣是有间断性的，每当身心疲倦或听讲时间过长时，其兴致会降低，对所见、所闻变得麻木，甚至厌倦、排斥。此时，导游人员应视实际情况，讲些与景观有关的趣闻逸事，重新激发游客的兴趣，吸引游客的注意力。

5. 突出特色

每一处水体景观都有自己的特色。导游人员可以重点介绍各种水体景观的特点，如鄱阳湖空阔，洞庭湖豪壮，太湖秀美，洪泽湖浩渺，镜泊湖平似镜，西湖秀丽夺魁，千岛湖满湖翠岛等。导游人员还可以将某水体景观的特色与其他水体景观做对比。例如，在讲长白山天池时，可以将其与天山天池做对比：天山天池冰清玉洁，长白山天池沧波千顷。之后将话题巧妙地转到讲解长白山的气候特征上来：长白山上气候多变，风雨时来时往，云雾瞬至刹逝，雾散天晴，这种变化难以捉摸、无法预测，令人感到神秘莫测。再告知游客长白山天池的水十分深，最深处可达373米，为我国最深的湖泊。因为湖水既广又深，水象变化不定，因此风和日丽之时，水平浮银光，湖面映山岚；可是风雨交加之时，潭池起恶浪，如蛟龙翻滚。相传湖中曾有不明动物，人称“湖怪”，它似鱼非鱼，像是怪物，神秘难解。这一点是其他湖泊所没有的，因此导游人员在讲解时应尽可能借景抒情，多加渲染，以突出其“神秘”的特性。

讲解长白山天池的特色时，导游人员可采用以下方法。

第一，先点出特色所在，然后分段讲解、层层剖析，生动而全面地揭示。

第二，借景抒情，以情论理。从山水湖景讲到风景的意境，从直观感受引入理性思考。

第三，采用画龙点睛法，用一两个精辟恰当的字眼，简练形象地点出其特色。这样既可以讲出该湖泊特色的最精彩、最亮丽之处，又可以让游客听后难忘，游后回味无穷。

6. 渗透相关历史文化

在讲解水体景观时，不但要联系除水以外的其他各种自然造景因素，而且要认真地了解和联系相关的人文造景因素，诸如经济、政治、军事、交通、文化、建筑、宗教、民俗等方面的内容。例如，长江三峡之瞿塘峡，不但景色雄伟壮观，而且多名胜古迹。在讲解时，导游人员要联系白帝城和刘备在白帝城托孤于诸葛亮的故事(当时的永安宫，就在今奉节师范学校内)，并联系“白帝山上存有白帝庙，庙内的明良殿中陈列有刘备、诸葛亮、关羽、张飞的塑像，殿两侧陈列有隋以后的碑刻70余通”等内容。而在讲解长江三峡之巫峡时，要联系屈原故里。“屈原是诗坛之祖。当楚国被攻破时，他愤而以身殉国，投汨罗江而死，至今我国的端午节以及端午节时吃粽子、赛龙舟等民俗，都反映了后人对这位伟大人物的崇敬与怀念。”

☞ **学与思**

桂林漓江导游词①

漓江属于珠江水系，发源地在桂林北面兴安县境内的猫儿山。猫儿山是史称五岭之一的越城岭主峰，海拔约2142米，号称中南最高峰。漓江由猫儿山下的涓涓细流汇集而成。兴安县境内至今还保留着秦始皇时期修建的灵渠。它是中国第一条人工运河，史称“兴安灵渠”。它把漓江的水和湘江的水连接起来。湘江在湖南省境内，属于长江水系。大自然赋予了它特殊的流淌方式。大家都知道，世上无水不东流，这是由地球西部地形高、东部地形低造成的，但唯有湘江的水由南向北而去，而漓江的水由北向南而下，所谓“湘漓分流，相离而去”，漓江故此得名。另外，漓江的“漓”字，在字典里面是清澈、透明的意思，这大概也是漓江名称的最佳含义。漓江在中国历史上曾经起过重大作用。自灵渠开通之后，它连通了岭南与中原，对秦王朝统一大业，以及对桂林乃至西南地区的政治、经济、文化、军事都有深刻的影响。

竹江景区(群龙戏水)：前面右侧临水的山壁上有几根悬垂倒挂的钟乳石柱。它们形态嵯峨、形神兼备，像几条饮江的巨龙。它们的身子隐藏在山壁内，只有龙头向着水面。每当春夏水涨，龙头便会吐出雨露。传说这几条龙是被天帝派到漓江边来采集桂花香精的。很久以前，这些山坡上长满了桂花，那冲天的香气直贯天宫，引得嫦娥也想偷偷下凡。天帝为之震怒，于是派来了这几条神龙，要把这桂花的香气全部吸尽带回天宫。谁知道神龙到了这里，顿时被这里的景色迷住了。它们不仅没有带走人间的桂花，反而引来了天庭的雨露，它们把雨露倾注在崖壁下的潭里，从此这个潭就叫沉香潭。沉香潭的水灌溉了漓江两岸的四方土地。这片土地上的桂花树枝叶长得更加繁茂了，八月的漓江两岸到处都飘着桂花香，怪不得人们都把这片土地叫桂林呢！

草坪景区(锣鼓鸳鸯滩)：弯弯曲曲的漓江，有一个湾就有一个滩。有人数了一

---

① 周国忠、牟丹：《景区导游》，83～85页，天津，南开大学出版社，2008。(有改动)

下，从桂林到阳朔，83千米的水程，共360个滩。滩头滩尾水比较浅，漓江从滩头上流过，发出淙淙的响声，这响声仿佛是天宫中的仙乐，让人听了飘飘欲仙。其实这哪里是仙乐，这是漓江的音乐。请大家看，左岸边有两块大石头，一个像圆鼓，一个像金锣，当地的村民们都叫它们锣鼓石。右岸边两座拔秀的小山柱，仿佛是一堆锣锤和鼓棍。大家仔细听，仿佛还有一对鸳鸯在唱歌呢。

杨堤景区(八仙游江)：右前方，山到了这里突兀而起，云到了这里虚无缥缈，给人以幻境的感觉。这一带重峦叠嶂，气势雄伟，前面一组八个山头，很像我国古代神话传说中的八位仙人。靠近江边头光光的是铁拐李，旁边的是曹国舅，下面戴帽子的是何仙姑，接下来的是张果老、韩湘子、吕洞宾、蓝采和、钟汉离，正好八位。据说有一天，八位仙人各显神通，漂洋过海，结伴而行。他们来到了漓江边上，看到漓江碧水青峰，田园似锦，风光实在是太美了，于是他们决定留下来。这个景点因此得名“八仙游江”。

兴坪景区(溯江鲤鱼)：前边有一个山峰又长又高，横亘在漓江边，整个山形很像鲤鱼。鱼头朝右，鱼尾朝左，鱼嘴跟右边的这座山峰相连。高高的鱼背上有一组小山峰，它们构成了鱼鳍。这真是一条活灵活现的大鲤鱼，而且是世界上最大的一条鲤鱼，谁也没有办法称它的重量。那鱼鳍又像一只小哈巴狗，也就是我们通常说的狮子狗，它的头部、眼睛、四肢都很清楚，真是可爱极了。

桂林山水有四大特点：山清、水秀、洞奇、石美。除此之外，漓江山水还有瀑布、流泉、险滩、竹林四绝。有人说，漓江不仅有这四绝，还有怪、奇、迷、绝四大特点，即古榕之怪、画山之奇、冠岩之谜、半边渡之绝。凡此种种，不一而足，真是仁者见仁、智者见智。

阳朔景区(“带”字石刻)：碧莲峰上碑文石刻很多，特别是山腰石壁上刻着的清代光绪年间的一个草书“带”字，更是令碧莲生辉。其字形结构意味深长，人称一字诗，竟包含了“一带山河、少年努力”八个字的韵味和笔意。从这个“带”字我们可以总结出漓江的精神，那就是一个“妙”字。漓江风景的自然美，妙不可言。

【思考】

本篇导游词应用了哪些讲解技巧？试着分析本篇导游词的优缺点。

三、古建筑景观导游讲解

(一)古建筑景观的特点

1. 以木构架为主的结构方式

中国古代建筑主要以木材、砖瓦等为建筑材料，形成由立柱、梁、檩等构件组成的框架，各构件间采用榫卯插合，构建成极其富有弹性的木构架结构。中国古代木构架结构主要有三种形式。

第一，“井干式”，即以圆木或方木四边堆叠，结构犹如“井”字形。这是一种最原始而简单的结构，现在除了在山区林地之外，很少见到了。

第二，“穿斗式”，即用穿枋将一排排柱子连成排架，然后再用斗枋和檩条等进行穿接。这种结构便于施工，最能抗震，但较难建成大型的殿阁楼台，所以我国南方民居和较小的殿堂楼阁多采用这种形式。

第三，“抬梁式”(也称叠梁式)，即在立柱上架梁，梁上安柱(短柱)，往上又抬梁的结构方式。这种结构方式的特点是可以加大建筑物的面阔和进深，以满足扩大室内空间的要求。因此，这种结构常为大型宫殿、坛庙、寺观、王府、宅第等建筑所采用。

有些建筑物还采用了抬梁与穿斗相结合的形式。

木构架结构具有两个明显的特点：第一是承重。中国古建筑屋顶的重量是由木构架承担的，墙壁是不承重的，只起到防寒保暖和分隔空间的作用，这就使得建筑具有极大的灵活性。第二是防震、抗震。木构架结构富有弹性和伸缩性，可以在一定范围内减少地震所带来的危害。正是由于木构架结构有这两个明显的特点，因此中国古建筑具有“墙倒屋不塌”的特点。

2. 具有简明的组织规律

中国古代建筑在平面布局上具有鲜明的特点，即以“间”为单位构成单体建筑，再以单体建筑组成庭院，进而以庭院为单元，组成各种形式的组群。由于木材长度等天然局限性，单体建筑物的规模不可能很大。因此，宫殿、庙宇建筑除了利用高起的地势、巨大的台基烘托外，主要借助建筑群体的有机组合来取得宏伟壮观的视觉效果。

中国古代建筑的布局形式有严格的方向性，常为南北向。只有少数建筑群因受地形地势限制而采取变通形式，也有一些是受宗教信仰或阴阳五行学说的影响而改变方向的。

中国古代建筑组群有明显的中轴线，建筑布局严格按照中轴对称的原则，大多数以纵轴线为主，以横轴线为辅，一般将主要建筑物布置在纵轴线上，将次要建筑物布置在主要建筑物的两侧，东西对峙，组成一个方形或长方形院落。另一种布局方式则与对称式相反，不求整齐划一，不用左右对称，而是因地制宜。例如，风景园林、民居房舍以及山村水镇等，大都采用这种形式，即按照山川起伏之势、地理环境和自然条件等灵活布局。例如，民居乃至寺庙、官衙，凡位于山脚河边者，总是迎江背山而建，并根据山势地形，层层上筑。这种情况最适宜西南山区和江南水网地区以及地形变化较多的地区。

3. 丰富多彩的艺术形象

对于中国古代建筑的单体建筑，无论是其整个形体，还是其各部分构件，人们都是利用木构架的组合和各构件的性状及材料本身的质感等进行艺术加工的，以达到建筑的功能、结构和艺术的统一。其艺术形象具体表现在造型优美和装饰丰富多彩上。

在造型方面，尤其以屋顶的造型最为突出。中国古代建筑的屋顶可分为以下几种形式：庑殿顶、歇山顶、悬山顶、硬山顶、攒尖顶等。其中庑殿顶、歇山顶又分为单檐(一个屋檐)和重檐(两个或两个以上屋檐)两种。歇山顶、悬山顶、硬山顶可衍生出卷棚顶。古代建筑的屋顶还是等级的象征，其等级大小依次为：重檐庑殿顶＞重檐歇山顶＞单檐庑殿顶＞单檐歇山顶＞悬山顶＞硬山顶＞攒尖顶。除上述几种屋顶外，还有扇面顶、万字顶、盔顶、勾连搭顶、十字顶、穹隆顶、圆券顶、平顶、单坡顶、灰背顶等特殊的形式。建筑平面、立面的形状，真是多种多样，有正方形、长方形、三角形、六角形、八角形、十二角形、圆形、半圆形、桃形、扇形、圆形与菱形相套，等等。建筑的台基部分也非常有特色。台基是建筑物的下部基础，承托着全部上层建筑的重量。台基的材料和层级取决于建筑本身的等级。例如，像北京故宫太和殿那样的大型宫殿，是建在三层高大的汉白玉须弥座台基上的，高大华丽的台基把建筑物衬托得更加雄伟壮观。

在装饰方面，则表现为彩画、斗拱、色彩、天花、藻井、脊兽等。

第一，彩画。木构架的一个突出缺点是易腐、易燃。为了保护木材，使建筑更美观，人们在木构架表面施油漆彩绘。中国古代建筑上的独具特色的彩画令世人叹为观止。清式彩画主要分为和玺彩画、旋子彩画和苏式彩画三大类。和玺彩画和旋子彩画为殿式彩画，主要用于宫殿等建筑上。其特征是画题程式化，如绘龙、凤等图案。和玺彩画可分为金龙和玺、龙凤和玺、龙草和玺等，其中以金龙和玺最为富丽，它使用大量沥粉贴金。旋子彩画中常用龙和锦纹，被称作“龙锦枋心”。所谓“旋子”，乃呈一种带漩涡纹的花瓣，北京匠人称之为“学子”，也叫“蜈蚣圈”。而苏式彩画采用写实的笔法和主题，常画有各种花卉、人(如仙人)、动物(如仙鹤)、器皿(如鼎、砚等)、山水、历史故事、福寿等吉祥文字。

第二，斗拱。斗拱是中国古代建筑上特有的构件。它承受梁架传下来的重量，并将其传到柱子上，再通过柱子传至屋檐。它可以承托挑檐，使檐部挑出更远，以保护墙身和台基。在室内还可以承托天花枋，构成室内天花。在设有平坐的多层建筑中，斗拱又是平坐的支撑构件。斗拱在梁架和柱间形成纵横交错的铺作层，犹如在梁架与柱间增设了一层弹簧，可以有效地抗御地震。所以，我国许多优秀的古代建筑，包括多层的楼阁和高耸的塔，经历多次强烈的地震后仍能巍然屹立。斗拱色彩艳丽，形式多样，纵横交错，成为中国古代建筑上重要的装饰构件。在中国古代社会中，只有重要的建筑，如宫殿、陵寝、苑囿、坛庙、寺观的主要建筑上才使用斗拱。斗拱的形制也成为建筑等级的标志。

第三，色彩。中国古代建筑的色彩，从春秋时期起，经过两千多年的发展，已经形成一套完整的艺术体系。北京的明、清宫殿建筑使用了黄瓦、红柱、红墙、白石基座，衬上蓝天、绿树，美丽动人。建筑物檐下使用青绿彩画并贴金，凸显了阴影部分的生动、深邃以及挑檐的深远，色彩的运用非常适合其所处的建筑部位。在我国古代，建筑物的色彩还代表一种身份和地位。例如，在清代，黄瓦是皇帝专用的，王府用绿瓦。黑、紫、蓝、绿用于离宫别院，或单色，或二色合用。一般民居只能用灰瓦。

第四，天花、藻井。天花是室内梁架之下设置的部件。它既可遮挡梁架，又可施各种彩绘，所以是室内重要的装饰部件。同时，它还可以界定室内空间高度，保温，隔热及防尘。藻井是“穹然高起，如伞如盖”的一种高级天花。藻井，含有“五行以水克火，预防火灾”之意，一般都建在寺庙的佛座上或宫殿的宝座上方，是平顶的凹进部分，有方格形、六角形、八角形或圆形，上有雕刻或彩绘，常见的有“双龙戏珠”。有的藻井各层之间使用斗拱，雕刻精致、华美，具有很强的装饰性。有的藻井则不用斗拱，而以木板层层叠落，既美观又大方。

第五，脊兽。脊兽最初的功能是保护木栓和铁钉，防止漏水和生锈，对脊的连接部起固定和支撑作用。后来脊兽发展出了装饰功能，并有严格的等级意义。不同等级的建筑所安放的脊兽数量和形式都有严格限制。小兽越多，建筑级别越高，常见为九、七、五、三不等，均为奇数。按照《大清会典》上的记载，脊兽的排列顺序为：龙、凤、狮子、天马、海马、狻猊、押鱼、獬豸、斗牛、行什。这些小兽端坐檐角，为古建筑增添了美感，使古建筑更加雄伟壮观、富丽堂皇，充满艺术魅力。梁思成评价道：“使本来极无趣笨拙的实际部分，成为整个建筑物美丽的冠冕。”

4. 严格的等级制度

中国古代建筑在很大程度上受到了中国传统文化和封建伦理思想的影响。建筑的格局上讲求均衡整肃、对称协调；建筑的方向、位置设定上有相对的规矩；建筑的形式、尺度、屋顶、台基、色彩、彩绘、大门等方面都有严格的等级差别。

(二)古建筑景观的讲解技巧

1. 突出时代性与民族性

每个时代、每个民族的建筑都有其建筑风格和建筑特色。中国的古建筑以梁柱结合、斗拱支撑的木架构为主要结构体系，拥有大屋顶和飞檐(挑檐)，显得十分轻盈优美。而西方的古建筑，如古罗马式、哥特式、巴洛克式等都以厚重的砖石墙承担整个建筑物的重量，体态显得凝重厚实。中国的古建筑大多坐北朝南，以居中面南为尊，具有封闭性和内向性的特点。导游人员在讲解古建筑时，应着重突出其民族特色，同时又要注意其时代特征。例如：“唐朝建筑色调简洁明快，屋顶舒展平远，门窗朴实无华，给人以庄重、大方的印象，而明清建筑色调华丽浓重，屋顶高耸，屋脊华丽，挑檐飞腾，画栋雕梁，给人以严谨稳重而又富丽华贵的印象。”

2. 结合实用性与艺术性

导游人员在讲解古建筑时，既要讲解建筑物的用处和功能，又要讲解建筑物的艺术特色和装饰风格，以及它们所营造的气氛和意境。两者尽管有主次之分，但又相辅相成。用处和功能决定艺术处理和装饰赋彩的规格和等级，而艺术特色和装饰风格又反过来凸显建筑物的用处和功能。皇家宫殿建筑是按照礼仪庆典、起居游乐、礼神拜佛这三种功能设计建造的，因此采用“前朝后寝”“左祖右社”的礼制。中轴对称、居中面南的布局，形成了高台广厦、重檐庑廊、斗拱飞檐、画栋雕梁、黄瓦红墙等高规格、高等级的建制，借以突出君权神授、皇权至上、皇帝至尊的意图。寺庙建筑则是按照苦度修行、礼神供佛的功能进行设计建造的，因此形成山门肃穆、晨钟暮鼓、法殿庄严、佛阁森森、僧台寂寂的景象。布局上多为中轴对称、层进闭合、步步登高；陈设布置上讲求佛像供桌、七珍八宝、香烟卧莲、古柏劲松、银杏菩提等，用以渲染烘托佛门静地或道观圣地清静、肃穆、庄严、神秘的气氛。

3. 兼顾虚拟性与实体性

“实”是指建筑物的历史沿革、功能用处、建筑布局、结构风格等；“虚”是指与古建筑有关的民间传说、名人逸事、神话故事等。“实”是导游人员讲解的前提和基础，是讲解内容的主体；“虚”是“实”的引申和扩展，是讲解内容的“赋彩”部分，犹如绿叶衬红花。导游人员应把两者有机地结合起来，穿插讲解，搭配有序，以“虚”烘托“实”的实际，以“虚”增添“实”的情趣，使讲解既富于知识性，又富于趣味性，从而满足游客求知、求解、求乐的需求。例如，在讲解栏杆时可以这样说：“栏杆是中国建筑师的精彩创造，后来移用于桥梁(如赵州桥、卢沟桥、颐和园十七孔桥、扬州瘦西湖的五亭桥等)，栏板雕刻题材也愈加丰富，给桥梁建筑平添了不少风采。唐宋以来的文人还借助栏杆抒发情感，使栏杆变得富有诗情画意，如李白的‘沉香亭北倚阑干’；李煜的‘独自莫凭栏，无限江山’，‘雕栏玉砌应犹在’；辛弃疾的‘把吴钩看了，栏杆拍遍’；唐婉的‘独倚斜阑’等。栏杆成为宫廷、哀婉的代词，成为抒发感情的依托。”

☞**学与思**

北京故宫导游词

这里就是世界闻名的故宫博物院了，大家一般都简称它为故宫。从1421年明朝第三位皇帝朱棣迁都于此到清朝末代皇帝溥仪被迫宣告退位，先后有明朝的14位、清朝的10位，共24位皇帝，在这座金碧辉煌的宫城里统治中国将近五个世纪之久。

帝王之家，自然规模宏大，气势磅礴。时至今日，这里不仅在中国，在世界上也是规模最大、保存最完整的古代皇家宫殿建筑群。由于这座宫城集中体现了我国古代建筑艺术的优秀传统和独特风格，因此在建筑史上具有十分重要的地位，是建筑艺术的经典之作，1987年已被联合国教科文组织评定为世界文化遗产。

故宫又称“紫禁城”，究其由来，是由天文学说和民间传说相互交融而形成的。中国古代天文学家将天上所有的星宿分为三垣、二十八宿、三十一天区。三垣是指太微垣、紫微垣和天市垣。紫微垣在三垣的中央，正符合“紫微居中”的说法。因此，古人认为紫微垣是天帝之座，故称其为“紫宫”。皇帝是天帝之子、人间至尊，因此他们也要模仿天帝，在自己宫殿的名字上冠以“紫”字，以表现其位居中央、环视天下的帝王气概。还有一个说法就是指“紫气东来”。传说老子出函谷关，关令尹喜见有紫气从东而来，知道将有圣人过关。果然老子骑了青牛前来，尹喜便请他写下了《道德经》。后人因此以“紫气东来”表示祥瑞。帝王之家当然希望出祥瑞天象，那么用“紫”字来命名也就顺理成章了。“禁”字的意思就比较明显了，那就是皇宫禁地，戒备森严，万民莫近。此话绝无半个虚字。1924 年，末代皇帝被逐出宫后，这里正式开放。但在以前，平民百姓是别想踏近半步的，大家可以想象紫禁城过去是多么崇高威严、神圣不可侵犯啊！

紫禁城之所以建在北京，是因为这里是一块风水宝地。故宫从明永乐四年(1406 年)开始修建，历经 14 年的时间才基本建成，到今天已有 600 多年的历史。大家看到了，故宫是一座红墙黄瓦的建筑群。为什么这样呢？黄色在阴阳五行学说中占中央方位，中央属土，土为黄色，再加上黄色与金色相似，因此黄色自古以来就被认为是尊贵的颜色。从唐朝起，黄色就成了代表皇家的色彩，其他人不得在服饰和建筑上使用，而红色，则寓意着美满、吉祥和富贵，正由于这些原因，故宫建筑的基本色调便采用了黄、红两种颜色。

故宫占地 72 万多平方米，有宫殿楼阁 9900 多间，建筑面积约为 15 万平方米。四周有高 9.9 米、号称 10 米的城墙，墙外一周是 52 米宽的护城河，俗称筒子河。城南北长约 960 米，东西宽约 760 米，城上四角各有一座结构奇异、和谐美观的角楼，呈八角形，人称“九梁十八柱”“七十二条脊”。城四周各设一门，南面的正门是午门，北门叫神武门，东门叫东华门，西门叫西华门。在故宫施工期间，共征集了 23 万著名的工匠、100 万民夫。所用的建筑材料来自全国各地，如汉白玉石料来自北京房山，五色虎皮石来自河北的盘山，花岗石采自河北曲阳县。宫殿内墁地的方砖是在苏州烧制的，砌墙用砖是在山东临清烧制的。室内墙壁所用的红色原料产自山东宣化(今高青县)的烟筒山。木料则主要来自湖北、湖南、江西、山西等省。由此也可以看出当时工程之浩大。

我们眼前的建筑叫午门。午门是紫禁城的正门，俗称五凤楼。明代，每年正月十五，午门都要悬灯赐食百官，到了清代这种活动就被取消了。每年十月初一都要在这里举行次年年历颁布仪式。清代乾隆年间，因避乾隆帝“弘历”的名字，故将“颁历”改称“颁朔”。清代，皇帝举行朝会或大祀时，以及在元旦、冬至、万寿、大婚等重大节日，都要在这里陈设卤簿和仪仗。此外，国家凡有征战凯旋时，皇帝在午门接受献俘典礼，如果皇帝亲征，也从午门出驾。“推出午门斩首”的说法，只是戏剧舞台上或野史小说中的说法。事实是明代朝廷命官犯罪，有的会在午门接受廷杖，当然严重的可能也有被当场打死的。

(进午门后在金水桥前)

现在我们已经到了故宫里面。在正式游览之前，我先介绍一下故宫的布局和参观路线。故宫占地约 72 万平方米，规模如此宏大的建筑群，不但没有让人感到纷杂，反而给人以结构严谨、色彩辉煌和布局规整的感觉。这是什么原因呢？原来，故宫中有一条中轴线，这条中轴线与整个北京城有机地结合在一起，北自钟楼，南至永定门，总长度约8千米。故宫内的重要建筑都在这条中轴线上，其他建筑分东西对称分布。整个宫殿的设计和布局都体现了封建君主的“尊严”和封建等级制度的森严。

故宫建筑分为“外朝”与“内廷”两大部分。现在我们在外朝的最南端，正前面是太和门。门前有一对青铜狮子，威严凶悍，成了门前桥头的守卫者，象征着权力与尊严。皇帝贵为天子，门前的狮子自然最精美、最高大了。东边立的为雄狮，前爪下有一只幼狮，象征皇权永存，千秋万代。我们眼前的这条小河，叫金水河，起装饰、防火、排水的作用。河上五座桥象征孔子所提倡的五德：仁、义、礼、智、信。整条河外观像一张弓，中轴线就是箭，这代表的寓意是：皇帝受命于天，代天帝治理国家。

（在太和门前）

午门与乾清门之间的部分为“外朝”，以太和、中和、保和三大殿为中心，东西两侧有文华、武英两组宫殿，左右对称，形成“外朝”雄伟壮观的格局。三大殿依次排列在同一个庞大的“工”字形汉白玉石殿基上，殿基高8米，分为3层，每层有汉白玉石刻栏杆围绕。太和殿俗称“金銮殿”，是故宫最高大的一座建筑物，也是国内最高大、最壮丽的古代木结构建筑。乾清门以内为“内廷”，建筑布局也是左右对称的。中部为乾清宫、交泰殿、坤宁宫。两侧的东西六宫是妃嫔的住所。“内廷”还有供皇家游玩的三处花园——御花园、慈宁花园、乾隆花园。内金水河沿“内廷”西边，蜿蜒绕过英武殿、太和门、文华殿，流出宫外，河上有白玉石桥，沿河两岸有曲折多姿的白玉雕栏杆，形似玉带。故宫建筑绝大部分以黄琉璃瓦为顶，在阳光下显得金碧辉煌、庄严美观。

除了突出中轴线外，故宫中的建筑还应用了各种手法，独具特色，如殿基的处理、殿顶的形式、吻兽和垂脊兽的数目、彩绘图案的规制等。这样不仅使主要建筑显得更高大、壮观，而且还表明了宫中建筑的等级差别。据民间传说，故宫有房9999间半，天上的皇宫一共有房10000间，地上的皇帝自称“天子”，不敢与其同数，所以就少了半间。这半间房在哪儿呢？它就是指文渊阁西头的那一小间。实际上，紫禁城有房9000余间，所谓这半间是根本不存在的。文渊阁西头一间，面积虽小，仅能容纳一个楼梯，但它仍是一整间。文渊阁楼下是收藏我国第一部《四库全书》的地方，为了使布局上更美观，所以把西头一间建造得格外小。

（经过太和门之后）

这座大殿叫太和殿，俗称金銮殿，是故宫内最大的宫殿，建筑面积为2377平方米。太和殿始建于公元1406年，经历了三次火灾和一次兵燹。大家现在看到的太和殿是清朝时期建造的。太和殿建在三层重叠的“工”字形须弥座上，须弥座由汉白玉雕成，离地8余米，下层台阶21级，中、上层各9级。太和殿的屋顶是我国古代最高等级的屋顶，即重檐庑殿顶。四个屋檐上各有一排动物，原来是钉子，用于固定瓦片，后来换成了神话传说中的动物，而且动物数量越多，表明建筑的等级越高。太和殿共装饰有9个脊兽。9是阳之极数，依次为7、5、3、1，平民百姓家是不允许有这种装饰的。明清两朝曾有24个皇帝在这里登基，宣布即位诏书。每当元旦、冬至、皇帝生日、册立皇后、颁布法令政令、派将出征、金殿传胪以及赐宴等时，皇帝都要在这里举行仪式，接受文武百官朝贺。

这个广场是太和殿广场，面积达3万平方米。整个广场无一草一木，空旷宁静，给人以森严肃穆的感觉。正中为御路，左右地面铺着横七竖八的砖，共15层，这是为了防止有人通过挖地道进入皇宫。大家看这周围的大缸是做什么用的呢？故宫里一共有308个大缸，他们都是消防器材，是用来储水防火的，缸下可烧炭加温，防止冬天缸水结冰。为什么要建这么大的广场呢？那是为了让人们感受到太和殿的雄伟壮观。蓝天之下，黄瓦生辉，层层石台，如同白云，加上香烟缭绕，整个太和殿好像天上的仙境一样。举行大典时，在殿内的珐琅仙鹤盘内点上蜡烛，香亭、香炉烧檀香，露台上的铜炉、铜龟、铜鹤燃松柏枝，殿前两侧香烟缭绕，全场鸦雀无声。皇帝登上宝座时，鼓乐齐鸣，文武大臣按品级跪在广场上，仰望着云中楼阁三呼万岁，以显示皇帝的无上权威与尊严。

1908年年底，清朝末代皇帝溥仪登基时年仅3岁，摄政王载沣便把他抱到宝座上。当大典开始时，突然鼓乐齐鸣，吓得小皇帝哭闹不止，嚷着要回家去。载沣急得满头大汗，只好哄着小皇帝说："别哭，别哭，快完了，快完了！"大臣们认为此话不吉祥，说来也巧，三年后清朝果真就灭亡了，从而结束了我国两千多年的封建统治。

（在太和殿的石台上）

这是铜香炉，是皇帝举行典礼时焚烧檀香用的。这里一共有18座，代表清朝18个省。殿外左右安放4个铜缸，象征"金瓯无缺"，用来储水防火。台基东西两侧各有一只铜制的仙鹤和龟，象征着长寿。这个器具叫嘉量，是由铅铸造而成的。嘉量是当时"量"的标准器，表示皇帝公平处事，谁半斤，谁八两，心中自然有数。对面还有一个石头做成的器具叫日晷，是古代的测时仪。把它们摆在这里的意思是：量和时的基准都掌握在皇帝自己手里。

太和殿东西宽约63米，南北进深约37米，高35米。大殿正面有12根圆红柱，殿前丹陛三层五出，殿前后有金扉40个，金锁窗16个，整个大殿雕梁画栋，豪华富丽。殿内中央设有2米高的平台，上面摆放着雕有9条金龙的楠木宝座。后面有金漆围屏，前面有御案，左右有对称的宝象、角端、仙鹤、香筒等陈列品。象驮宝瓶，内装五谷，象征太平景象、五谷丰登。角端是我国古代神话传说中的一种神兽，可"日行一万八千里"，通晓四方语言，只有遇到明君，它才捧书而至，护驾身旁。

太和殿为什么又叫金銮殿呢？那是因为殿内金砖墁地。金砖墁地，平整如镜，光滑细腻，像是洒了一层水，发着幽暗的光。那么金砖真的含金吗？其实这是一种用特殊方法烧制的砖，工艺考究复杂，专为皇宫而制，敲起来有金石之声，所以称作“金砖”。这种砖每一块相当于一石大米的价钱，可见金砖虽不含金，但也确实贵重。

殿内共有72根大主柱，支撑其全部重量，其中6根雕龙金柱，沥粉贴金，围绕在宝座周围。殿中央有一藻井，是由“天井”或“天窗”等形式演变而来的，为中国古代建筑的特色之一。藻井主要被设置在“尊贵”的建筑物上，有“神圣”之意。藻井中央部位有一浮雕蟠龙，口衔一球，球为铜胎中空，外涂水银。此球叫轩辕镜，传说由轩辕黄帝所造，悬球与藻井蟠龙连在一起，构成游龙戏珠的形式，悬于帝王宝座上方，以示中国历代皇帝都是轩辕的子孙，是黄帝的正统继承者。轩辕镜使殿堂更加富丽堂皇、雍容华贵，镜下正好对着皇帝宝座。据说袁世凯称帝后，怕大球掉下来把他砸死，故将宝座向后挪了一些，就是我们现在看到的位置。关于龙椅，这里面有段故事。1916年，袁世凯登基时，把原来的宝座搬走了，换了一把西式高背大椅，上饰他自己设计的帝国徽号。据说他的腿短，因而将椅座降低。中华人民共和国成立后，人们根据过去的一张照片，在破家具库找到了一把破椅，经专家鉴定，它就是皇帝的宝座，后经修复展出。

（带客人至太和殿东侧或西侧铜缸处）

古人把陈设在殿堂、皇屋宇前的大缸称为“门海”。门海者，“门前大海”之意。古人相信，门前有大海，就不怕闹火灾。因此，大缸又被称为吉祥缸。它既是陈设品，又是消防器材。在科学不发达的古代，宫中没有自来水，更没有消防器材。因此，缸内必须长年储满水，以备不测。清代时，共有308口大缸，按其质量分为三种，即鎏金铜缸、烧古铜缸和铁缸，其中最珍贵的是鎏金铜缸。然而这些鎏金铜缸并没有逃脱八国联军刺刀刮体的厄运。1900年8月13日至8月15日，由英、美、德、法、俄、日、意、奥组成的八国联军攻陷北京，进占紫禁城。据说，八国联军当时从故宫及颐和园等处掠夺的文物在各国使馆区堆积如山。至今仍有大量文物被伦敦、巴黎、纽约博物馆攫为己有。眼前这口缸上的道道刮痕就是八国联军侵略中国的铁证。日伪统治时期，大缸被拉出宫门，装上日本侵略军的卡车，用于制作子弹，而那些子弹成为屠杀中国人民的工具。

（中和殿前）

眼前这个方形建筑是中和殿。皇帝举行大典前，先到此暂坐休息，会见官员。皇帝到天、地、日、月四坛祭祀时，前一天也要在中和殿里看祭文。每年2月，皇帝到先农坛举行祭祀先农和亲耕典礼，前一天要来这里阅视种子、农具、祝文。这个是乾隆年间的两顶肩舆，即八抬大轿。①

故宫的四个城角，每一个角上都有一座九梁十八柱、七十二条脊的角楼。这四

① 国家旅游局：《走遍中国——中国优秀导游词精选》，36～45页，北京，中国旅游出版社，1998。（有改动）

座角楼是怎么建的呢？有这么个传说：明朝燕王朱棣在南京做了皇帝以后，就想迁都北京，于是就派亲信大臣到北京建皇宫。朱棣告诉这个大臣要在皇宫外墙——紫禁城的四个犄角上，盖四座外形特别美观的角楼，每座角楼要有九梁十八柱、七十二条脊，并且说："你就做这个管工大臣吧，如果修盖得不好是要杀头的！"管工大臣领了谕旨后，心里烦得不得了，不知如何盖这九梁十八柱、七十二条脊的角楼，于是就把北京八十一家大包工木厂的工头、木匠们都叫来，跟他们说了皇帝的旨意，限期三个月建成，并说："如果盖不成，皇帝自然要杀我的头，可是在杀我的头之前，我就先把你们的头砍了，所以当心你们的脑袋。"工头和木匠们对这样的工程都没把握，只好常常在一块琢磨法子。一转眼一个月过去了，工头和木匠们还没想出办法来。时值六七月，天气热得人都喘不上气来，加上心里烦闷，工头和木匠们真是坐也不是，躺也不是。有一位木匠师傅，实在待不住了，就到大街上散心。走着走着，听见老远传来一阵蝈蝈的吵叫声，接着又听见一声吆喝："买蝈蝈，听叫去，睡不着，解闷儿去！"走近一看，是一个老头儿挑着许多大大小小秫秸编的蝈蝈笼子在沿街叫卖。其中有一个细秫秸棍插的蝈蝈笼子，精巧得跟画里的一座楼阁一样，里头装着几只蝈蝈。木匠师傅想，反正是烦心的事，该死的活不了，买个好看的笼子，看着也有趣儿，于是就买下了。这个木匠提着蝈蝈笼子回到了工地。大伙儿一看就吵嚷起来了："人们都心里怪烦的，你怎么还买一笼子蝈蝈来，成心吵人是怎么着?"木匠笑着说："大家睡不着解个闷儿吧，你们瞧……"他原想说"你们瞧这个笼子多么好看呀"，可是还没说出嘴来，就觉得这笼子有点特别。他急忙摆着手说："你们先别吵吵嚷嚷的，让我数数再说。"他把蝈蝈笼子的梁啊、柱啊、脊呀细细地数了一遍又一遍，大伙被他这一数，也留了神，静静地直着眼睛看着。木匠数完了蝈蝈笼子，蹦起来一拍大腿说："这不正是九梁十八柱、七十二条脊吗?"大伙一听都高兴了，这个接过笼子数数，那个也接过笼子数数，都说："真是九梁十八柱、七十二条脊的楼阁啊！"大伙儿受这个笼子的启发，琢磨出了紫禁城角楼的样子，烫出纸浆做出样型，最后修成了现在的角搂。①

【思考】

本篇导游词应用了哪些讲解技巧？试着分析本篇导游词的优缺点。

四、古典园林景观导游讲解

园林是指在一定的地域运用工程技术和艺术手段，通过改造地形(或进一步筑山、叠石、理水)、种植树木花草、营造建筑和布置园路等途径创作而成的自然环境和游憩境域。中国古典园林是人类文明的重要遗产，被公认为世界园林之母、世界艺术奇观。

西方园林追求的是人工几何美，被称为几何规划式园林。中国园林追求的是朴

① 金受申：《北京的传说》，37～40页，北京，北京出版社，2018。(有改动)

素自然美，乃自然山水式园林。中国园林造园的基本法则是“有定法、无定式”。有定法具体表现为：造园艺术“师法自然”，园林建筑“融于自然”，花木配置“顺应自然”，意境情趣“表现自然”。无定式主要是指选址没有固定模式，园林风格没有固定模式。

按照所有者身份划分，中国古典园林可分为皇家园林、私家园林；按照所处的地理位置又可分为北方园林、江南园林、岭南园林。

(一)古典园林景观的特点

1. 顺应自然的指导思想

中国古典园林深受传统儒道思想和自然审美观的影响，追求“天人合一”，即在尊重自然的前提下改造自然，创造和谐的园林形态，营造高于自然的艺术空间。无论是山水地形，还是花草树木都要求达到“虽由人作，宛自天开”的效果，所以也被称为自然山水式园林。

2. 诗情画意的艺术风格

中国古典园林在师法自然的同时，更致力于营造一个充满诗情画意的艺术空间，这是造园者更高、更内在的追求。造园的叠山理水之法，无不受到山水画“外师造化，中得心源”的写意原则的启发。园林中随处可见的园名、景题、匾额、楹联、刻石等无不浸染着园林的情调，烘托着园林的内涵和意境。

3. 追求含蓄美的意境

中国古典园林多封闭，充满含蓄美，以有限面积造无限空间，小中见大，重视分隔空间、虚实对比，追求一种意的幽静和境的深邃，给人无尽的遐思。

(二)古典园林景观的讲解技巧

1. 突出园林的构成要素

中国古典园林的构成要素包括筑山、理池、植物、动物、建筑(包括厅堂、楼阁、书房、斋馆、榭、轩、舫、亭、路与廊、桥、围墙)、匾额、楹联、刻石等。导游人员在进行园林景观的讲解时，应充分了解园林的构成要素和所涉及的基本知识，重点突出这些构成要素所呈现的特点、功能以及所隐含的美学价值、科学价值、艺术观赏价值、历史文化内涵、哲学思想和生活哲理等。

2. 突出园林的造景手法

中国古典园林的造景都有独特的立意，犹如撰文画画，有定法而无定式，且往往遵循“小中见大”的原理，创造出“有限中见无限”的美景，而且还特别重视障景、抑景、框景、借景等手法的应用。在建造相对较大的园林时则更注重空间的分割，通过对景、夹景、添景、借景等造景手法，形成或明朗、或收敛、或幽深、或广阔的空间，使景色更为丰富，使层次感更加分明。导游人员应不断深入研究园林景观的特有造景手法，并在讲解时予以介绍和解说，以便让游客充分体会到中国古典园林的匠心独运、构思精巧以及造园艺术的精湛。

3. 突出文化元素和审美元素

中国古典园林不仅着力追求卓然天成，而且还蕴含着丰富的文化元素和审美元素，是所谓“立体的画、无声的诗”，是包含诗、书、画、乐、雕塑等诸多艺术元素在内的艺术综合体。因此，导游人员不能就景论景，应通过学习，不断提升自己的艺术修养，丰富自己的哲学思想，加深对园林景观的文化内涵和审美艺术的感悟，并将其介绍给游客。

4. 注重运用讲解方法

由于古典园林有特殊的艺术表现形式和丰富的文化内涵，因此导游人员在讲解时要灵活地运用各种讲解方法，以吸引游客的注意力，满足游客的审美需求。例如，在讲解园林的意境美时，导游人员应利用启发式的讲解方法，引导游客产生联想，感悟道理，从感官享受的初级审美境界上升到精神享受的高级审美境界。在讲解园林的艺术效果时，导游人员应善于运用画龙点睛的讲解方法，重点强调园林的艺术特色，使游客能够体验到园林的艺术魅力。在讲解园林中的一般景点或者观赏点的时候，导游人员应运用设置悬念或者欲扬先抑等讲解方法，把原本平淡无奇的景点讲得有声有色，从而引发游客的兴趣。导游人员还可以用虚实结合法，通过名人逸事、民间传说、历史故事等来引起游客的注意，提高游客的观赏兴致。

5. 注意游览方法和游览节奏

中国古典园林是处理空间、布置景观的艺术。导游人员要使自己的讲解贴合景观特点，做到景随步出，情因景迁，动中见静，静中寓动，动静得宜。导游人员要设计一条合理的游览路线，不走回头路，使景色先抑后扬，逐层深入，引人入胜。要在一个封闭空间中观赏美景，既可以漫游动观，也可以端坐静观。一般来说，大园宜动观，小园宜静观。例如，浏览颐和园、北海公园这样的大园林时，由于它们面积大，景区多，景观开阔，因此只有采用漫游动观的方法才能领略到开阔高远的景色，获得移步换景的审美情趣。又如，游赏杭州郭庄时，如果采用动观法，就无法品味出该园的奇、秀、稚、巧。小园空间小，旨在“工笔细描”，贵在含蓄，故常采用“抑景”“隔景”等造园手法。一走而过不能品味出这种园林的含蓄之美，也无法领略到这种园林的所藏之景。因此，导游人员要把握好游览节奏，有动有静，劳逸结合，从而使游客感到身心舒畅。

☞ **学与思**

苏州留园导游词

门厅与桥厅间的东侧长廊：现在我们看到，院子里有一块长方形花岗岩，上面刻有联合国教科文组织所颁发的“世界遗产”标识。

长廊中部蟹眼天井处：这两方小小的露天空间，苏州人称之为“天井”。由于面积太小，所以人们称之为“蟹眼天井”。这两方“蟹眼天井”主要是为了采光而设计的。为了避免造景上的单调，造园者在其下方各置一棕竹盆栽。

“长留天地间”南院：请看这个长方形的小院。因为庭院面积有限，不能大范围地造景，所以造园者就充分利用南面这堵高高的粉墙，设计了一幅立体的“国画”。这里布置了湖石，种了金桂和玉兰，除了寓意“金玉满堂”外，更是营造了一幅以粉墙为纸、以花石为绘的立体国画的画境。

“长留天地间”东侧大空窗旁：请看这扇窗。这是一扇长方形漏窗，没有任何图案设计。这种特殊的漏窗也叫空窗。如果没有这扇空窗的话，采光就会不足，这里就会显得昏暗。所以，这扇空窗主要是为了采光，这和前面看过的蟹眼天井异曲同工。在设计古典园林时，哪怕是一扇门、一扇窗，设计者也一定会考虑其造景功能。为了避免空窗的单调，造园者利用盆栽来映衬它，从而构成了一幅立体画，可谓一举两得。再请大家看这门楣上的砖刻门额——“长留天地间”。这几个字是篆刻书法，是元代周伯琦(字伯温)所写的，寓意留园能永久地保留下去。我们要保护好它，不能辜负先人的期望。

长廊：我们走过的这条长廊有数十米长。造园者巧妙地使廊和屋相接，并且在比较封闭的暗处设计了“蟹眼天井”来采光，用富于变化的建筑技巧，使廊在空间上产生了明与暗、大与小的对比，所以我们在欣赏四周美景时便不知不觉地走出了长廊。另外，这段长廊相对于秀美的中部远景来说，大有一种“欲扬先抑”的审美效果。因此，这段长廊不仅被园林专家评定为“留园三大名廊”之首，而且在整个苏州古典园林的廊形建筑中也占有一席之地。

六扇花窗处：前面的粉墙上有六扇漏窗。漏窗，俗称“花窗”，在便于通风和采光的同时，可使窗外的景色若隐若现地透进来。因此，花窗在园林建设中常作为“漏景”之用。中部景色通过这六扇花窗透了进来，隐约可见，激发起我们的游兴，好像在催我们快些进园去看窗外的那片胜景。大家注意一下，从花窗中透出的园景会随着我们脚步的移动而不断地发生变化，这就是园林游览时的“移步换景”。除了起到通风、采光等作用外，花窗本身的花格图案也丰富了墙面内容，起到了很好的装饰作用。在光的照射下，花窗的花格会呈现出多姿多彩的光影，为古朴的园林平添了几分生气。我们不妨感受一下。

请看南面的这堵白墙。墙根处有一明式青石花坛。上面有山茶，旁边植翠柳，花开之时，红点缀缀，生机勃勃。花坛上方的白墙上嵌有一方砖额——“古木交柯”。花坛上的古柏、女贞两棵古树，枝接交错，苍劲虬曲，给人以高洁坚毅之感。“古木交柯”就是指古柏、女贞连理之意。

绿荫轩：这里是赏留园春景的最佳场所，叫作绿荫轩。这是一个小巧雅致的临水敞轩。它的西面原有一棵三百多年的青枫树，而东面又有榉树遮日，因此以“绿荫”为轩名。轩内匾额上有“绿荫”两字。字是著名书画篆刻大师吴昌硕先生的弟子、当代书画家王个簃书写的。轩南墙壁上嵌有一方石额——“华步小筑”。“华”，即“花”；“步”通“埠”。留园北面有山塘，它河通向“吴中第一名胜”——虎丘。虎丘自明清以来就以出产茉莉花、代代花等名贵花木而闻名。以前，留园附近有装卸花木的河埠，所以这一带的旧名为“花步里”。而留园主人将自己的园子称为“华步小筑”，无疑是一种自谦，反映出中国传统文人尚隐逸、求中庸的处世哲学。“华步小筑”四个字是清代学者钱大昕书写的。下方倚墙根而建的湖石花坛中种植了石笋、天竺，它们巧妙地构成了一幅立体国画，而这“华步小筑”四字恰好是点睛之笔。

一梯云旁：左前方那两层楼建筑，体量高大，叫作明瑟楼，取《水经注》中“目对鱼鸟、水目明瑟”之意。该楼面临清澈明净的池水，楼边又有青枫庇荫，环境清雅明净。因楼底层的建筑外形像古代画舫的前舱，所以取唐代杜甫《南邻》诗中“秋水才深四五尺，野航恰受两三人”之意，将其命名为“恰杭”。这里的“杭”通“航”。明瑟楼南有一湖石假山，登临二楼的石阶就隐约可见。这峰湖石上刻有“一梯云”三个字，取“上楼僧踏一梯云”之意。“梯云”就是以云为梯。古人以为云是触石而生的，因此称石为“云根”。大家若在这云根盘旋之间拾级登临，会感受到步云成仙的意境。

寒碧山房北露台：这里有一个宽敞的露台。这里濒临水池，每当盛夏时节，池内荷花盛开，这里便是赏荷的绝佳之处。因此，这里也被称为“荷花台”。荷花台南面是紧靠明瑟楼而建的涵碧山房，取自宋代理学家朱熹的诗句：“一水方涵碧，千林已变红。”涵碧山房是中部花园的主厅，该厅几无装修，南北两面都不设墙，显得朴素大方、通畅明朗。厅内匾额上的“涵碧山房”四字，是旧时园主盛康请香禅居士潘中瑞所书的。厅南院中是一湖石牡丹花坛，旁边还种有玉兰、石榴、绣球等花木，春秋时节，百花争妍，美不胜收。

我们站在荷花台上还可以欣赏到园林中部的山水。大家看那座假山，是采用太湖石与黄石参差而筑的，上面山石嶙峋、古树参天，灵秀中透着一股阳刚。这几棵荫可蔽日的古银杏、古樟树，与假山浑然一体，我们登临其间，会有一种进入深山幽谷的感觉。在苏州各古典园林中，也称得上是一处“城市山林”的佳例了。由于山体直逼水池，古树、假山与水面之间所呈现的高低视觉差得到了充分的体现，这就是古典园林中“以低衬高”的造景手法。另外，从山水布局来看，这里虽水居中，山居其侧，但在审美上，山的气势却远在水的生机之上。水在这里只是衬托山体气势的一个“配角”。这与拙政园正好相反。拙政园中部的主体假山虽以“一池三岛”的规制筑于水池的中央，但夺人眼目的仍然是那片富于变化的水面。在那里，山是造成水面破、掩、隔审美效果的一种道具。山成了水的陪衬，水的灵秀往往超越了山的敦厚。中国古典园林的造景手法真的是十分巧妙。

爬山廊：这条依山高下起伏而建的长廊叫作爬山廊。这条爬山廊不仅有上山廊和下山廊之分，而且还有依墙而建的“实廊”和离墙而建的“空廊”相呼应，整个廊始终处于光线和地势的变化过程中。从实用功能上讲，这条廊还有三个作用：一是夏天遮阳，雨天挡雨；二是形成一条联结各景点的纽带，是一条天然的游览路线；三是巧妙地将大家在不知不觉中引到中部假山之上的“闻木樨香轩”。爬山廊中部的西墙上嵌有明代吴江松陵勒石名家董汉策所刻的《二王帖》。“二王”是指晋代大书法家王羲之、王献之父子。王羲之擅写草、隶、正、行诸体，且风格自成一家，素有“书圣”之誉。这里的《二王帖》中，主要有《奉橘帖》《快雪时晴帖》《送梨帖》等著名法帖。留园的《二王帖》中只集“二王”书法，历代名家所写的题跋均被省略。《二王帖》始刻于明嘉靖年间，刻成于万历年间，历时两朝二十五年。据说以前留园的主人刘蓉峰爱石如痴，并且喜欢将古人的美诗篆刻在青石上，然后嵌入墙壁。从此，这种长约1米、宽约40厘米、石面上刻着诗词文章或名家书法的书条石就成了留园的一大文化特色。它极大地丰富了留园作为古典园林的文化内涵。至今，留园共保存有370多方书条石，堪称留园一绝。

闻木樨香轩：闻木樨香轩是留园中部花园中的最高建筑，因四周遍植桂花而得名。从建筑形式上看，这实际上是一个依廊而建的半亭。轩前是一副对联：“奇石尽含千古秀，桂花香动万山秋。”这是一副状景联。此处千姿百态的湖石在桂花树的掩映下，显得玲珑而古朴，每到秋风送爽时，满山荡漾着桂花的香气。这里的“动”字用得极妙，将“香味”这一虚景写活了。

中部假山：大家看这几棵古银杏树，苍然挺立于奇峰异石之间，已经有一两百年的树龄了。银杏又称白果，是我国特有的珍稀物种之一，因其从种植到结果的时间很长，所以又被称为“公孙树”。银杏树是雌雄异株的落叶乔木，其果仁，即白果，可以食用，也可入药，木材致密，又可供雕刻之用。这是可亭，是一处六角飞檐攒尖顶的小亭子，可以供游人停留小憩。这个小石桌是用安徽省灵璧县的灵璧石制成的。灵璧石历来被视为石中上品。大家从这里往南看，可亭可与明瑟楼、涵碧山房隔水相望。每当清风徐来，对面的明瑟楼和涵碧山房便宛如一艘徐徐出航的画舫，随波动了起来。这种写意的造景手法，给静止的建筑在审美上平添了一份动感，堪称造景一绝。可亭与涵碧山房、居水池南北相对而立，堪称一种绝佳的“对景”。可亭四周植有梅花，且宜观赏雪景。因此，可亭也被称为留园中欣赏冬景之佳处。(在可亭北面的假山后)这里有一段长五十余米的花街，是用鹅卵石和碎瓷、石片、瓦片等各种材料筑成的，形成美丽的海棠花纹，犹如织锦铺地一般。(花街北面)这里有一条沿粉墙曲折而建的长廊，它是中部假山上爬山廊的延续，除了有联结景点、遮雨蔽日等功能外，还巧妙地遮挡了留园中部和北部的分界——粉墙，淡化了北部与中部的分隔之感。

小蓬莱：通过平栏曲桥，我们来到了中部水池的小岛——“小蓬莱”。传说，渤海中有蓬莱、方丈、瀛洲三座仙山。秦始皇曾经派徐福前往求长生不老之仙丹，同时又在自己的宫院中仿造了三座仙山。这以后在水池中构筑三座“仙山”，即所谓“一池三岛”，就成了古典园林的常用造景手法。留园中部的水池略成方形，比较规整。桥岛在划分水面的同时，使水面形成了旷、幽两种不同的水面效果。另外，在构筑中部假山时，特意在水池西部造了一条狭窄的山洞，令人产生池水源远流长之感，使池水活了起来。

濠濮亭：(过小蓬莱东侧小桥)这个小方亭就是濠濮亭。濠、濮都是古代河流的名字。据说，庄子曾在濮水上垂钓，也曾与惠子在濠梁上观鱼。这里以古人的垂钓和观鱼来唤起一种超脱世俗的自由感，体现了园林建筑的主题思想。

曲西楼—西楼—清风池馆：曲西楼是一座外观秀美的两层建筑，其底楼实际上是一道宽宽的廊，西墙上开有很大的空窗和洞门。透过它们，我们可看到中部花园的秀丽景色，这也是运用了“移步换景”的造景手法。同时，窗框、洞门也被当作“造景框”，使人们在廊中看到的每幅窗景都是一幅立体而生动的画，这在造景手法上被称为“框景”。东面粉墙上嵌有二十余幅方书条石，大家需要止步静观，方能品出其中的韵味。在这里大家可以欣赏到欧阳询、褚遂良、颜真卿等唐代书法名家的作品，以及明代吴门才子文徵明晚年手书的小楷作品。从园林建筑审美上看，西墙上的空窗、洞门与东墙上的书条石，不仅在视觉上形成了大与小、明与暗、虚与实的对比，而且将山明水秀的现实世界与遥远的历史烟云联系在一起。(进入西楼的底层)这里和西墙、曲西楼一样，设有两个大空窗，使中部园景自然透出，而东面则不设墙，取而代之的是一排落地的长窗，与外面的五峰仙馆风格协调。(从西楼再往北，左手边绕过一镂花隔扇)这里就是春风池馆。这是一个向西敞开的水榭，与小蓬莱、濠濮亭构成一个小小的水院。周围的楼台倒映在明净的池水中，显得宁静而幽雅。

从曲西楼、西楼到清风池馆，我们会发现：这组外形各异的建筑，构思极其精巧，无形中将留园中部的山水风光和东部的幽深庭院连在一起，让我们在不知不觉中完成了审美心理上的自然过渡。这是留园以建筑来划分空间的造园艺术的绝佳体现。

【思考】

本篇导游词应用了哪些讲解技巧？试着分析本篇导游词的优缺点。

五、宗教类景区(点)导游讲解

宗教作为一种文化现象与旅游关系极为密切，宗教类景区(点)是一种重要的旅游资源。我国的宗教类景区(点)数量多，分布广，所属的派别、建立的年代、建立的原因、建筑风格、文化内涵都不尽相同。在进行宗教类景区(点)讲解时，导游人员必须深入学习相关的宗教知识，正确把握我国的宗教信仰政策及相关的法律法规。恰到好处的讲解不仅可以增加游览的趣味性，还可以加深游客对宗教类景区(点)的认识和了解。

(一)宗教类景区(点)的特点

1. 自然环境优美

每一处宗教类景区(点)都处在特定的自然环境之中。“天下名山僧占多”，这句话正说明了很多宗教类景区(点)都建在风景优美的名山之中，自然环境优美异常，带有一种神秘、幽静的气息。尽管都是名山，但不同地区的宗教类景区(点)的特点却不尽相同，如悬空寺所处的恒山险峻，少林寺所处的嵩山奇秀，普陀山则兼得山海之胜，江苏镇江的金山和焦山又分别具有“寺裹山”和“山裹寺”的不同特点。因此，在讲解时，导游人员应突出各个宗教类景区(点)的特点和宗教背景。

2. 人文底蕴深厚

宗教是文化的重要组成部分。每一处宗教类景区(点)都各具特色，且有与众不同的人文底蕴。例如，在佛教旅游景区(点)中，山西五台山是我国唯一一个青庙(汉传佛教)、黄庙(藏传佛教)交相辉映的佛教道场；安徽九华山的寺庙不少是青瓦粉墙的民居式建筑；江苏苏州的寒山寺因唐代诗人张继的《枫桥夜泊》一诗而名扬天下；江苏镇江的金山寺因与白蛇传的民间传说有关而引人入胜；陕西扶风的法门寺因珍藏佛指骨舍利而令世人瞩目。可以说，宗教类景区(点)不仅历史悠久，而且与文化、哲学、艺术甚至道德都有着密切的联系。因此，导游人员在讲解时应注意引导游客领会宗教类景区(点)的不同特色与人文底蕴。

3. 宗教活动神秘多样

宗教类景区(点)中的神秘且丰富多彩的宗教活动，能带给游客不同的旅游体验，这也是宗教类景区(点)吸引游客的重要因素。例如，苏州寒山寺的新年撞钟，上海龙华寺的龙华庙会，普陀山每年二月十九(观音诞生日)、六月十九(观音成道日)、九月十九(观音出家日)的三大盛事，知名度高，参与性强，都是游客喜闻乐见的民俗活动。因此，导游人员应引导游客参与其中，使其全方位地体验活动所带来的乐趣。

4. 独具艺术特色

宗教类景区(点)中留存了很多艺术作品和艺术成果，如敦煌莫高窟的壁画、少林寺的塔林、悬空寺的建筑、乐山的大佛、五台山的南禅寺建筑、塔尔寺的“三绝”等，这也是以上景区(点)具有旅游吸引力的重要原因。因此，导游人员应重点关注并向游客介绍每一处宗教类景区(点)的艺术价值。

(二)宗教类景区(点)的讲解技巧

在进行宗教类景区(点)的讲解时，导游人员应突出其在自然环境、人文底蕴、宗教活动、艺术价值等方面的特色，讲清楚相关的宗教知识和景区(点)内建筑的基本格局、历史沿革等，通过条理清晰、层层深入、生动有趣的讲解，达到耐人深思的讲解效果。除此之外，导游人员还应该注意把握以下讲解技巧。

1. 把握观赏角度和观赏距离

把握最佳的观赏角度和观赏距离，是导游人员的一项基本功。只有从最佳的观赏角度和观赏距离进行观赏，才能获得最佳的审美体验。例如，四川的乐山大佛，通高 71 米，临江而立，是目前世界上最大的一座石刻佛像。要欣赏“佛是一座山，山是一尊佛”的奇观，最佳的位置是隔江而望或是乘船在江上观赏。有了一定的距离，大佛的非凡气势才能完整地映入眼帘。而金山寺，建筑风格独特，寺庙依山而建，一层层殿阁、一幢幢楼台，将金山密密地包裹起来，使得山与寺浑然一体。观赏这种奇特的风貌，只有采用远眺与近观相结合的方法，才能领略到其中的奥妙所在。因此，导游人员应该准确地把握观赏角度和观赏距离，使游客能够在最佳位置听到最合时宜的讲解内容。

2. 根据服务对象调整讲解内容和讲解节奏

不同的游客对宗教类景区(点)的关注点是不同的；如有的游客对宗教建筑、人物塑像等有浓厚的兴趣；有的游客喜欢听宗教故事；有的游客更关注宗教活动；有的游客更关注自然景观；有的游客更关注宗教类景区(点)的历史与艺术价值；等等。所以，在有限的游览时间内，导游人员应根据游客的关注重点和兴趣所在选择讲解内容，以满足他们的旅游需求和审美需求。

3. 突出介绍具有代表性的景观

每一处宗教类景区(点)都有代表性景观。例如，杭州灵隐寺大雄宝殿中的释迦牟尼佛像最为著名，它是国内佛教寺院中最高的一尊释迦牟尼坐佛；杭州净慈寺的明代大钟和运木古井最为著名，所以钟楼和运木古井就成了净慈寺的代表性景观；宁波阿育王寺，因塔建寺，据说塔是为珍藏释迦牟尼的肉身舍利而造的，因此舍利塔就成为阿育王寺的代表性景现。因此，导游人员应对所讲的宗教类景区(点)进行深入研究和重点考察，突出介绍具有代表性的景观，让游客能够在短时间内抓住游览重点，并了解与其相关的文化知识。

4. 关注游客的反馈

导游人员应该根据游客的游览兴趣处理“导”“讲”和“游”的关系。在游览中，讲什么、怎样讲、什么时候讲、讲多少，在很大程度上是根据游客的游兴和反馈而定的。虽然有时候导游人员讲得很多，但游客可能对其所讲内容并不感兴趣，因此费力不讨好。因此，导游人员应学会察言观色，根据游客的兴趣和需求，适时调整讲解内容。

5. 善于运用虚实结合法

宗教类景区(点)往往具有一定的历史背景和神秘的宗教色彩。在进行宗教类景区(点)的讲解时，一定离不开各种历史故事、宗教人物、典故传说、名人逸事等，而这些正是我们所说的虚实结合法中的“虚”。导游人员应不断提升自身的文化底蕴，不断学习和研究有关宗教类景区(点)的历史文化，挖掘出更多更好的“虚”，并与宗教类景区(点)的“实”有机结合起来，激发游客的游览兴趣，帮助游客获得更好的旅游体验。

6. 提前向游客说明注意事项

在进行宗教类景区(点)的讲解之前，导游人员要告诉游客相关的注意事项和禁忌，以免发生不愉快的事情。例如，在宗教类景区(点)内，人们需要保持安静，不能拍照，不能穿奇装异服，不能吃东西等，甚至有的地方还有很多特殊的禁忌，这些都需要导游人员在参观游览前告知游客。还有一些游客可能因为信仰问题，会对所前往的宗教类景区(点)有所顾忌或者有特殊要求，导游人员也应该提前做好沟通工作，给予游客必要的解释。

☞**学与思**

苏州寒山寺导游词

说起寒山寺，大家都会想起唐代诗人张继写的《枫桥夜泊》:“月落乌啼霜满天，江枫渔火对愁眠。姑苏城外寒山寺，夜半钟声到客船。”当年，张继进京考试，名落孙山，归途中夜泊枫桥，写下了这首千古绝唱。后来，张继继续寒窗苦读，再次赴京应试，终于中了进士。于是，人们相信，寒山寺的钟声能消除烦闷，增长智慧，给人们带来好运。下面就请大家跟我一起前往寒山寺参观游览。

寒山寺位于苏州市姑苏区，始建于南朝萧梁代天监年间，距今已有1500多年的历史。寒山寺最初的名字叫“妙利普明塔院”，后来在唐代贞观年间，这里来了两位天台山的高僧——寒山和拾得，他们将其改名为“寒山寺”。传说寒山、拾得分别是文殊菩萨和普贤菩萨的化身，后来被人识破，两人就双双乘鹤而去。又传说拾得和尚乘了寒山寺里的一口钟，漂洋过海东渡日本，到了一个名叫萨堤的地方，传播佛学和中国文化。在寒山寺，大家最感兴趣的就是那口大钟了。寒山寺的钟，历来受到诗人们的追捧，这在文学史上是罕见的。诗人们以寒山寺的钟声为主题，留下了许多脍炙人口的诗句。相传张继诗中所提及的钟，历经沧桑，在明末流入日本。清末，日本的山田寒山先生四处探寻，欲将此钟归还，但终无果，于是便募捐集资，在日本明治三十八年(公元1905年)由小林诚等一批工匠将其精心铸成一对青铜钟，一口留在日本观山寺，一口送来苏州寒山寺，这在中日民间文化交流和友好往来史册上留下了美好的一页。在日本，苏州寒山寺几乎家喻户晓，老幼皆知。日本的小学甚至把张继的《枫桥夜泊》收录教科书并要求学生背诵。自1979年除夕夜苏州举办首届除夕寒山寺听钟声活动以来，曾有大量以日本人为主的海内外游客来寒山寺聆听夜半钟声。

现在我们已经进入寒山寺景区了。寒山寺景区拥有古寺、古桥、古关、古运河。古寺指寒山寺。古桥指寒山寺两侧运河上的江村桥和枫桥，即张继诗中“江枫渔火对愁眠”中的江、枫这两座桥。古关指运河和上塘河交汇处的铁铃关，建于1557年，为明代抗击倭寇的关隘。城楼雄伟，现设抗倭史迹陈列室。铁铃关、浒墅关(今已毁)、金阊关(今已毁)是历史上有名的“苏州三关”。古运河，即开凿于隋炀帝时的京杭运河，全长1794千米，从寺前流过。

前面那座金碧辉煌、宏伟庄重的主塔就是寒山寺的普明塔，等会儿我们进了寺内再去参观。现在我们取道寒山别院去寒山寺。寒山别院是1993年修筑的，满园的绿色让人心旷神怡，苍松、翠竹、桂花、樱花、蜡梅、草坪与落月池、映月亭、愁眠坡、寒山桥、听钟坪、觅诗廊等景物交相辉映。这是松茂亭。这块碑立于1993年，碑文是我国无产阶级革命家李大钊用行草书写的《枫桥夜泊》。1956年，他的女儿李星华将这幅原作捐献给国家，现存于中国革命历史博物馆。寒山寺内还珍藏着宋代、明代、清代、民国年间以及现代文人学者所写的《枫桥夜泊》碑文。

(穿过寒山别院)前面这座石拱古桥就是枫桥。我们看一下山门前的照壁，黄墙上的“寒山寺”三个大字，是由陶浚宣(别号东湖居士)所写的。字体古朴苍劲，给历经千年风霜的古刹增添了庄重感。大家可以在此拍照留念。大家发现没有，寒山寺的庙门是朝西的。通常的民居建筑或寺院建筑都以坐北朝南为最佳，而寒山寺的庙门为何要朝西呢？据寒山寺方丈性空法师说，“此乃因地制宜”。苏州是水乡，隋代开的那条运河正位于寒山寺的西边。唐宋之际，水上交通日益发达，为便于路过的商人、船民、农民、信徒乘船来此朝拜进香，庙门便朝西靠河边开了。大家都知道《西游记》中唐僧西天取经的故事吧？西天是佛祖居住地，又称极乐世界，光明圣洁，无一烦恼，所以庙门朝西开，也表示向往佛国圣地。

寒山寺也逃避不了战乱和火灾，前后共五次毁于大火。破坏最严重的一次发生在清咸丰十年(1860 年)。当时，清军与太平军交战，一把大火将古寺楼阁化为尘埃，除诗碑外无一留存。现在的寒山寺是清光绪三十二年(1906 年)重建的，宣统二年(1910 年)又加修缮，重建大殿。寒山寺一时成为吴中名刹。

寒山寺现存主要建筑有大雄宝殿、庑殿、藏经楼、碑廊、钟楼、枫江楼等。下面让我们进内参观。

这块“古寒山寺”的匾额，是清末江苏巡抚程德全的手笔。进入山门，迎面是慈颜常笑的弥勒佛坐像，背面是韦陀立像。(穿过山门)这里是寒山寺的主庭园。园内青松挺拔，回廊曲折通幽。左侧的花坛两面嵌有两块石刻，一块是明代崇祯年间刻的“寒拾遗踪”，另一块是程德全写的“妙利宗风”。“妙利”指寒山寺初建时的寺名“妙利普明塔院”。这两块石刻概括了寒山寺的历史渊源。接着我们来看看左侧的五百罗汉堂。这些是清代留下的由小型香樟木雕成的镀金五百罗汉。罗汉堂中央矗立的这尊观音铜像，落成于1995 年，高 2.5 米，重 1.5 吨(1 吨＝1000 千克)，是由日本禅画家协会赠送的。

在进大雄宝殿之前，我们先留意一下大雄宝殿前的汉白玉栏杆。汉白玉栏杆全长 34.5 米，柱高 1.5 米，栏板高 0.7 米，采用莲花宝座和海棠的图案。这只铁香炉上铸有“大化陶熔”四字，暗示了佛法神通广大，意为佛的教化可以使信徒成大器。大殿前的这对石柱，被称为“露盘”，是僧人就餐前放饭盛水的器具。殿内正中供奉的是释迦牟尼佛木雕像，左边长者为迦叶，右边年轻的叫阿难，他们是如来的得意弟子。佛祖逝世后，迦叶在灵鹫山主持了佛教信徒的第一次集会。阿难是佛祖的从弟，聪明有智慧，擅长记忆，跟随佛祖 25 年，把佛祖生前讲经说法的内容都写在贝叶树的叶子上，那些内容就成了佛经。1924 年，近代思想家康有为参拜寒山寺时曾写了一副对联，内容是“真经书贝叶，法果证菩提”，点出了佛经的历史。墨宝现珍藏在寒山寺枫江楼里，成为寒山寺的重要文物。大雄宝殿两侧沿墙分列着十八罗汉金身坐像，它们是明代从山西五台山被请来的。(释迦牟尼佛像背后东墙上)这面墙上嵌有寒山、拾得像石刻。寒山右手指地，拾得袒胸笑颜，正所谓“我若欢颜少烦恼，世间烦恼变欢颜”。南墙上还嵌有清代佛教居士大鹤山人郑文焯于1880年在枫桥船中所作的指画丰干像。大殿后侧东南角悬挂的这口大铜钟是日本山田寒山赠送的，铜钟高80多厘米，直径近70厘米，周围铸有阳文《姑苏寒山寺钟铭》，铭文是日本时任首相伊藤博文所写的。

（出大雄宝殿）左边是普明宝塔和方丈室，右边是闻名遐迩的听“夜半钟声”的钟楼，正前方的两层楼就是寒拾殿。我们先登塔远眺。寒山寺始建时，就有“妙利普明塔”，后毁于战火，北宋重建宝塔，元代末年又被毁，后来寒山寺一直无塔。于是，建塔便成为寺僧们的心愿。这座塔是1995年秋建成的，总共5层，塔高42.2米，为仿唐木结构楼阁式塔。塔刹为铜铸镀金，高9.6米，重12吨，在阳光的照射下金光闪闪。塔外四周挂有108个风铃，塔内各层都有木梯可供游人登临。登上宝塔，东可望苏州古城，南可观苏州新区和大运河，北可眺虎丘和西面的狮子山，吴中美景几乎尽收眼底。塔院四周建有回廊，廊间可观赏古代名人书写的《枫桥夜泊》诗碑。下了普明塔，让我们去参观一下寒拾殿。请看：门上方的匾额——寒拾殿是佛教协会时任会长赵朴初所写的。（进入殿内）大家看，这座巨大的莲花座盘上，有两个袒胸露乳、蓬头赤足的胖子。两手一上一下、手拿方桂圆口净瓶的叫寒山；左手持腰带、右手持一枝荷花的就是拾得，他那副眉开眼笑的样子，好像在跟我们逗乐呢。寒山、拾得确有其人，是唐代诗僧。寒山曾隐居于浙江天台寒岩，自号“寒山子”，他善于作诗，人称诗僧，其诗语言通俗，能把深奥的佛学玄理用浅显的文字表达出来，其《寒山子诗集》流传于世。拾得原是个孤儿，被天台国清寺高僧丰干在赤城山道上拾得，收养为僧，故名拾得。在《全唐诗》中收有寒山诗一卷，共303首，收有拾得诗一卷，共50来首。据说寒山、拾得本是七世冤家，经丰干禅师点化，终于和好，朝夕相处，亲密无间。他们三人经常聚会参禅，寒山、拾得以友善而齐名。你看他俩一持荷花，一捧净瓶，一“荷”一“瓶”，其谐音就为“和平”了，意为和和气气、平平安安。清代雍正皇帝曾封寒山为“和圣”，封拾得为“合圣”。所以民间讲的和合二仙，就是寒山、拾得。寒山、拾得有一段对话值得我们品味。寒山问拾得：“世间有谤我、欺我、辱我、笑我、轻我、贱我、骗我者，我如何处置乎?”拾得曰：“只要忍他、让他、避他、由他、耐他、敬他，不要理他，再过几年你且看他。”寒拾殿的楼上是藏经阁，里面秘藏珍贵佛经、书籍共7300多卷。寒拾殿后墙的背面正中供奉着一块巨碑，上面刻有千手千眼观音、韦陀和关公等人物，刀法细腻，形象生动。内墙环壁嵌有的《金刚般若波罗蜜经》石刻和董其昌的题跋石刻41块，都是传世珍品。

现在我们到钟楼去看看那只声音洪亮的铁钟。这口铁钟是江苏巡抚陈夔龙重修寒山寺时，为保存古迹，仿旧钟式样铸造的。铁钟高1.2米，直径约1.2米，重约2吨，铸于清光绪三十二年(公元1906年)。寒山寺的钟声历来被诗人们题咏，那悠扬的钟声已深入人心。《百丈清规》中规定：在晨昏二时鸣大钟108声，以“觉醒百八烦恼之迷梦”。根据我国佛教经典和风俗，108响钟声有两种含义：第一，因为一年中有12个月、24个节气、72个候(古代称五天为一候，按农历360天计，一年分为72候)，把12、24、72相加正好是108，既代表一年，又符合108种烦恼之数。所以要听108响钟声，表示回顾旧岁，迎接新春的意思。第二种，消除烦恼。佛经上有“闻钟声，烦恼清，智慧长，菩提生”的说法，所以敲一下钟能除去一个烦恼，敲108下，就能除尽所有烦恼，化凶为吉，平平安安。每年除夕夜半，寒山寺僧人就会敲钟108下，最后一响钟声正好是在新年零点。各位朋友，不妨今年的除夕夜再到寒山寺来，聆听这108响钟声，消除人世的108个烦恼。

寒山寺的碑刻素来闻名中外，而其中最著名的首推《枫桥夜泊》诗碑了。现在我们就到碑廊去观赏。寒山寺的《枫桥夜泊》诗碑到底有几块呢？答案是：一诗七碑。北宋翰林学士王珪书张继《枫桥夜泊》诗石刻，为张继诗第一石，可惜早年失传。为修复历史遗迹，弘扬民族文化，在有关人士的努力下，1996年用王珪字迹集成的张继诗第一石又重立于普明塔旁。这要感谢傅斯年陈列馆，他们慷慨惠赠了3000余字的王珪手迹墓志铭拓片。苏州著名书法家费之雄集字，苏州碑刻博物馆雕刻艺术家时忠德重刻，他们向世人展示了张继诗第一石的神采，为人们了解王珪的书体特征和风格提供了实物。全诗集字只有28字，且能直接选用的王珪完整原字只有14个，即月、满、天、江、火、对、姑、城、外、寒、山、寺、夜、半，其余都是通过原字部首组合而成的。例如，“霜”，用“雨”和“相”结合；“眠”用“目”和“民”组合等。字为正楷，介于颜、柳书体之间。碑石选用了有一定年代的无字旧青石碑，总高2.5米，宽0.84米，厚0.2米，高1.66米，每字约13厘米见方。诗碑碑拓于1996年9月被故宫博物院收藏。第二块碑是明代文徵明书写的，因寺失火，仅存残碑一块，剩下不到10字。第三块碑是清代俞樾书写的，保存完好，现市面上常见的《枫桥夜泊》条幅就是俞樾书碑的拓本。该碑被陈列在碑廊内。第四块碑是与张继同姓同名的河北沧州人张继于1947年12月14日书写的。张继写好此碑，想不到第二天便溘然长逝，这幅墨迹也就成了名副其实的绝笔了。第五块碑在寒山别院松茂亭内，我们已先睹为快了，就是李大钊书写的那块。第六块碑是当代书画大家刘海粟的作品。1981年冬，时年86岁高龄的刘老把自己关在房内约5小时，全身心投入，完成了一件力作——行草《枫桥夜泊》。刘老完成这件作品后病倒了，但他对这幅作品非常满意，认为不亚于俞樾所书的。根据刘老生前愿望，这块碑于1994年镌刻完成后被置于寒山寺碑廊内。第七块碑是1998年新竖在“枫桥诗碑廊”内的、由无产阶级革命家陈云书写的。碑廊内与俞樾手书碑相对而立的是康有为于1920年在寒山寺题的诗：“钟声已渡海云东，冷尽寒山古寺风。勿使丰干又饶舌，化人再到不空空。”康有为曾感慨于古钟的流失，他风趣地说：“也怪丰干和尚多嘴多舌，向浙江台州太守闾丘胤点破了寒山、拾得是文殊、普贤两菩萨化身的天机。若不是他泄露天机，再有转世者到来，寺内就不会空空地连古钟也保不住了。”碑廊斜对面是弘法堂，里面供有三尊铜像。正中为唐代高僧玄奘，他于629年去西天取经，645年返回长安，翻译了大量的佛经，还写了《大唐西域记》一书。在《西游记》里，他就是孙悟空的师傅唐僧。右侧是唐代高僧鉴真，他五次东渡日本失败，第六次东渡时，他已双目失明。753年，他在苏州张家港黄泗浦起航，历尽千辛万苦，成功抵达日本。到日本后，他广泛传播佛法以及建筑、雕刻、农业、文学、医学、书法等方面的知识和技术，被誉为日本律宗始祖。763年，76岁的鉴真在奈良唐招提寺病逝。左侧还供奉着日本高僧空海的铜像。804年，他随日本遣唐使来华，11月22日抵达苏州，23日乘船到枫桥参拜寒山寺，最后到达京城长安，学习佛法、诗文、绘画等。三年后回国，成为日本真言宗创始人，被誉为“日本的鉴真大师”。

参观完碑廊和钟楼之后，有兴趣的朋友还可以登上“枫江第一楼”看看。枫江楼在寺的南面，上下两层，飞檐斗角。旧时的枫江楼在中华人民共和国成立前就坍塌了，现在的这座楼是中华人民共和国成立后从苏州城里移来的，是一座著名的花篮楼。因楼的底层南部比一般厅堂少用两根楹柱，即省去二步柱，而在大殿前檐处换上了两个雕刻精细的木质花篮，故名“花篮楼”。花篮楼的楼梯就像南京灵谷寺塔里的楼梯一样，围绕着中心柱盘旋而上，十分精致奇特。顺着楼梯，登上楼顶，临窗眺望，远山近水，风光如画，有说不尽的诗情画意。

寒山寺的参观就到这里，但愿寒山寺的钟声能给您带来好运。

【思考】

本篇导游词应用了哪些讲解技巧？试着分析本篇导游词的优缺点。

六、博物馆类景区(点)导游讲解

博物馆是征集、典藏、陈列、保护和研究代表自然和人类文化遗产的实物，并对那些有科学价值、历史价值、文化价值、艺术价值和美学价值的物品进行分类管理的场所。

截至2016年年底，我国各地文物部门年检注册的博物馆总数达到了4873家，接待游客97172万人次。参照国际上使用的一般分类法，我们将中国博物馆划分为历史类、艺术类、自然科学类、综合类这四种类型。

历史类博物馆以历史的观点来展示藏品，如中国国家博物馆、中国人民革命军事博物馆、西安半坡遗址博物馆、秦始皇兵马俑博物馆、泉州海外交通史博物馆、景德镇陶瓷历史博物馆、北京鲁迅博物馆、韶山毛泽东同志纪念馆、中国共产党第一次全国代表大会会址纪念馆等。

艺术类博物馆主要展示藏品的艺术价值和美学价值，如故宫博物院、南阳汉画馆、广东民间工艺博物馆、大钟寺古钟博物馆、徐悲鸿纪念馆、天津戏剧博物馆等。

自然科学类博物馆以分类、发展或生态的方法展示自然界，以立体的方法从宏观或微观方面展示科学成果，如中国地质博物馆、北京自然博物馆、自贡恐龙博物馆、台湾昆虫科学博物馆、中国科学技术馆、柳州白莲洞洞穴科学博物馆等。

综合类博物馆综合展示地方自然、历史、革命史、艺术方面的藏品，如山东省博物馆、湖南省博物馆、内蒙古博物院、黑龙江省博物馆、甘肃省博物馆、南通博物苑等。

(一)博物馆类景区(点)的特点

1. 价值多元性

博物馆藏品往往是人类生产生活及生存环境的物证或遗迹、遗产，因此蕴含着丰富的科学价值、历史价值、文化价值、艺术价值、美学价值等。它们对人类认识当下生活现状、社会发展以及未来趋势都有着不可替代的作用。这也是为什么导游人员在讲解博物馆时感到特别难的原因。每一座博物馆实际上都是一座多元文化的宝库。

2. 社会性和公益性

博物馆是非营利性机构，对公众开放，为社会发展提供服务，以学习、教育、娱乐为目的，承担着科学普及、社会教育、大众娱乐等多种社会功能，成为弘扬中华文化和培养文化认同感的重要载体。随着我国博物馆、纪念馆、美术馆、公共图书馆、文化馆等免费开放力度的不断加大，越来越多的民众享受到这种公共福利，博物馆的公益性更加得以凸显。

3. 功能和形态齐全

现代博物馆包含了搜集、保存、修护、研究、展览、教育、娱乐、交流等功能，目的在于传播知识，使游客获得审美体验，引导游客探寻真理。从形态上来讲，现代博物馆包括建筑物博物馆、植物园、动物园、水族馆、户外史迹馆、古城小镇博物馆、长期仿古代生活展示馆(民俗村)，以及视听馆、图书馆、表演馆、档案资料馆，还有很多主题博物馆和数字博物馆等，形态多种多样。

4. 有序性和繁杂性

博物馆内一般都会有大量的实物藏品，有的甚至多达数百万件，因此会被按照一定的标准划分成很多展区，而每个展区的展品中都包含着纷繁复杂的文化知识。这就要求导游人员要对博物馆的主要展品非常熟悉，对陈列品的种类、性质、位置、陈列顺序、历史背景以及所反映出来的主题思想、艺术价值等，都要做到心中有数，并且能够根据游客的特点进行有选择性的讲解。

5. 参观群体的广泛性

博物馆的参观群体十分广泛，每个民众都有可能是博物馆的潜在游客。随着我国国民素质的提高和教育事业的发展，博物馆的参观对象将更加广泛。因此，导游人员应不断学习讲解方法和技巧，以便为不同游客提供有针对性的讲解内容，满足其需求。

(二)博物馆类景区(点)的讲解技巧

1. 增加知识储备

博物馆内丰富的藏品中蕴含着深厚的文化底蕴，涉及方方面面的知识。作为知识的传授者，导游人员首先要非常熟悉文物、博物馆基本知识，掌握本馆陈列内容及相关展品的背景知识；其次要熟悉和掌握与展品相关的其他领域的知识(语言学、天文学、哲学、经济学、文学、艺术学、心理学、教育学等)；最后要掌握展品被发现或被创造的过程以及展品的艺术价值、珍贵程度、流转过程等。除此之外，还要了解、掌握与博物馆相关的法律法规。外语导游或哑语、方言导游还应该熟悉与该语言有关的基本知识、风土人情等。

2. 合理运用不同的讲解方式

导游人员应根据博物馆类型、博物馆展出内容以及游客群体的特点，选择相应的讲解方式。下面简单介绍几种。

第一，引导参观式，即边讲解边引导游客参观的讲解服务方式。这种方式普遍用于博物馆讲解，因为一般博物馆都是按照历史顺序或人物、事件的先后顺序进行陈列展览的。另外，展品也多半不集中于一个地方，而是分布在各个展厅中，比较分散。这种延续性和变化性需要有人进行导引性的讲解。

第二，陪同交流式，即边讲解边与游客互动的讲解服务方式。这种方式可以交流感情，传递信息，易于创造和谐融洽的氛围，一般适用于专家、学者、领导等特殊游客群体。

第三，操作表演式，即将讲解与操演或表演有机结合的讲解服务方式。这种方式更加直观生动，一般适用于科技馆、艺术类博物馆和革命纪念馆等。

3. 灵活运用不同的讲解方法

不同的游客群体有不同的参观和游览需求，导游人员应根据不同游客群体的不同需求选用讲解方法，做到有重点、有针对性、有选择地进行导游讲解服务。具体方法如下。

第一，专题讲解法，即为突出某一主题而进行的较深层次的专门性讲解，也叫深层次讲解法，如对某个展厅或展览的某个部分、某些内容等进行专题讲解。

第二，重点讲解法，即根据游客需要有选择地讲述重点内容。这种方式适合学生团体或有时间要求的游客。

第三，系统讲解法，即按照陈列顺序有条理地、系统地讲解。这种方法比较系统，内容较为丰富，信息量较大，适合求知欲强或参观时间较充足的游客。

第四，概况讲解法，即将全部内容提纲挈领地进行集中讲述，然后让游客自行参观、游览。这种方法比较适合那些时间有限或者自主参观意识较强以及喜欢思考的游客。

4. 把握不同类型博物馆的讲解重点和讲解方式

博物馆类型不同，展出的展品内容就会不同，所以导游人员的讲解重点以及所选用的讲解方式也会不尽相同。下面就以自然科学类博物馆和历史类博物馆为例进行说明。

自然科学类博物馆的讲解重点应是向游客传播实物标本所蕴含的科学文化知识，必要时应加以操作和演示，使游客受到启发和教育。因其参观对象多是学生或有关兴趣爱好者，所以导游人员在讲解时应注重科学性和知识性，力求做到目的明确，内容充实，条理清晰，逻辑性强，推理和论证充分、严谨，而且应该多采用表演式、交谈式、聊天式等较为亲切、自然、轻松的讲解方式，要调动游客的主动性，引导游客积极参与到讲解互动中去。

历史类博物馆的讲解重点在于向游客讲述历史事件和历史故事，说明历史发展的主流，使游客了解历史发展的规律。导游人员在讲解时要注意科学性、知识性和趣味性的统一，采用讲授和交流相结合的方法，边讲解边与游客交流所讲内容，以达到良好的讲解效果。

例如，革命纪念馆主要以陈列革命文物和讲述革命历史为主，其直观吸引力不如其他类型的博物馆，但是蕴藏在文物和史实中的情感和精神却是饱满丰富的。因此，导游人员在讲解时要做到情感真挚，用具体事例和饱满的情感来打动和感染游客，使游客有所感悟，受到熏陶和教育。导游人员在讲解时应相对严肃、深沉，给人以庄重大方的感觉，应多采用演讲报告式、说明式、讲故事式等讲解方式，应善于运用语言表达技巧，达到潜移默化地教育和感染游客的目的。

又如，遗址类博物馆的讲解重点在于向游客介绍展品及其时代背景、历史意义或遗迹等。这些内容都应该是建立在科学性、权威性的考古基础之上的。此类讲解工作难度较大。导游人员应将讲解内容与展陈内容相结合，尊重史实，用准确、通俗易懂的语言将遗址所处时代的生产、生活知识传递给游客。

☞ **学与思**

秦始皇兵马俑博物馆导游词

秦始皇兵马俑博物馆，号称“世界第八大奇迹”。它是一个专题性的遗址类博物馆，是秦始皇陵的一个陪葬坑。那么秦始皇是谁呢？秦始皇就是战国七雄的终结者，也是中国第一个统一封建王朝的皇帝。

秦始皇姓嬴名政，公元前259年出生于赵国的都城邯郸，13岁时就继承了王位。但是按照当时的制度，直到22岁时他才真正加冕，开始正式亲理国事。他执政以后，经过十年的浴血奋战，统一了全国，建立了中国历史上第一个统一的、多民族的、中央集权制的封建王朝——秦朝。他认为自己功过三皇、德高五帝，又因为是第一个皇帝，所以便自称为始皇帝。为了巩固政权，加强思想政治领域内的统治，他还废除了分封制，设立了郡县制，统一了文字、货币、度量衡、车轨和法律制度。统一全国后，他对内发展农桑，对外发展经济，并且采取远交近攻的政策，使秦国国力不断强盛。为了抵御匈奴的侵扰，他还修筑了举世闻名的万里长城。在当时，修筑长城是一件劳民伤财的事，但是今天它已成为中华民族的骄傲。然而，历史人物一般都有两面性，秦始皇也不例外。为了钳制思想，他制造了“焚书坑儒”事件，使我国古代文化典籍受到严重的摧残。为了享乐，他曾征集了几十万刑徒为自己修建了“覆压三百余里”的阿房宫，但是他到死也没有住进去。不过，秦始皇也是非常勤勉的，曾经五次出巡天下。公元前210年，在出巡途中，他突发疾病死于沙丘(在今河北省邢台市广宗县大平台村)。

秦始皇死后被葬于骊山脚下的陵墓之中，就是今天的秦始皇陵。秦始皇陵南靠骊山，北邻渭水。骊山风景如画，绿树成荫。据史书记载：“骊山山南多美玉，山北多黄金。”可见这里真的是一块风水宝地。

我们现在所看到的这个巨大的封土堆就是秦始皇陵了。这个陵墓的规模是相当浩大的，在当时修建这么巨大的一个陵墓，绝对不是一件容易的事。因为骊山的河渠是南北方向流的，为了防止流水冲垮陵墓，人们将这里的河渠全部改为东西流向。骊山是一座土山，本身没有石头，所以要修建如此巨大的陵墓必然相当缺乏石料。当时的石料都需要从渭北等地运来。当时是没有现在的交通工具的，石料全部都要靠人力来搬移，可见当时修建这座陵墓的艰难了。

按照“虽死犹生”的思想，秦始皇陵就是依照当时咸阳宫的规模修建的。当时秦始皇陵的地面建筑呈回字形，内外两重城垣，占地九顷十八亩，据说是取“久久”之意。经过几千年的风风雨雨，当时的地面建筑现在已荡然无存了，我们已经无法领略秦始皇陵的全貌。但是从这里出土的巨型夔纹瓦当倒可以让我们想象一下当时地面建筑的雄伟。这个瓦当的直径是61厘米，相当于一个小圆桌，人们称它为“瓦当之王”。使用这样巨大瓦当的宫殿，其规模、气势也就可想而知了。秦始皇陵冢原来高120米，但经过两千多年的风雨削蚀，现在高度仅为46米。陵冢上当时栽有大量的松柏，这是因为当时的人们相信，有一种叫作魍象的动物专门钻入墓穴之中吃死者的脑髓和肝脏，而松柏所散发出来的特殊芳香可以使魍象畏惧而不敢前来。因此，当年的秦始皇陵就是一座松柏苍郁的人工山。

据《史记》记载：秦始皇陵是“穿三泉，下铜而致椁，宫观百官奇器珍怪徙藏满之。令匠作机弩矢，有所穿近者辄射之。以水银为百川江河大海，机相灌输，上具天文，下具地理。以人鱼膏为烛，度不灭者久之”。根据这段描述，人们推测：秦始皇陵地宫的顶端是用28颗夜明珠组成的天冥星，陵内还设置着百官座次的殿堂，并且藏满了各种奇珍异宝，还用水银做了江河湖海以象征天地，用人鱼膏点长明灯，为了防盗墓还安装了能自动发射的暗箭。《史记》中对秦始皇陵的内部只做了一个大致的描述。那么陵内到底有多少奇珍异宝呢？我们只能等待陵墓被发掘的那一天，相信到时候一定会引起全世界考古界的轰动。

我们虽然还没有发掘秦始皇陵的地宫，但是已经发掘了秦始皇陵的一个陪葬坑，那就是被誉为“世界第八大奇迹”的秦始皇兵马俑博物馆。1974年，西杨村的几个农民在抗旱打井时意外发现了这个陪葬坑。考古学家根据发现时间的先后，把它们编为一、二、三号坑。秦俑坑是秦军的缩影，它生动地再现了当时秦国兵强马壮的威武场面。李白在诗中描写的“秦王扫六合，虎视何雄哉！挥剑决浮云，诸侯尽西来”的壮丽景象，在这里可以被重新体验一番。

我们现在来到的就是一号坑，它是三个俑坑中面积最大的一个。它东西长230米，南北宽62米，深5米，面积14260平方米，相当于两个足球场的面积。它为坑道式土木建筑结构，东西两端各有5个斜坡门道，还有10个2.5米宽的夯土隔墙，隔墙上架有粗大的横梁，底部都是以青砖墁铺。一号坑是由步兵和车兵组成的军阵。所谓“军阵”，就是部队在作战或驻守时的一种排队的方式。一号坑呈长方阵的排列方式，由前锋、主体、侧翼、后卫四部分组成。我们现在所看到的面东而立的就是前锋部队。南、北、西端各有一排面朝外而立的武士俑，那是侧翼和后卫，以防止敌人旁敲侧击和从背后偷袭。中间有38路面东而立的纵队，由步兵和骑兵组成，他们构成了整个军阵的主体，体现了古代兵书中所讲的“前后正齐，四方如绳”的军阵。《孙子兵法》中曾经讲道：古代排兵布阵的一个重要原则就是“前锋必锐，整体必宏”。他把一个军阵比喻成一把剑，如果一个军阵没有精锐的前锋，那么这个军阵就像是一把无锋的剑，便失去了杀伤力。由此可见前锋部队的重要性了。

我们现在所看到的就是一号坑的前锋部队，一共3排，每排70件，共210件。这些兵俑手中都持有强弓劲弩，他们都是以骁勇善战而著称于世的。他们在作战时都不戴头盔。头盔本来是作战时的一种最基本的防护装备，但是秦朝的军队规定，前锋部队一律不准戴头盔，所以历史上称他们为“科头”。由于“科头”不戴头盔便敢杀入敌阵，因此史籍上称他们为“科头锐士”。从这些“科头锐士”的身上我们可以看到当时秦军的勇猛和善战了。

这是秦始皇兵马俑的二号坑，位于一号坑以北20米处，平面呈曲尺形，面积为6000多平方米，是由步兵、骑兵、车兵和混合兵种组成的军阵，共由四个小的单元构成。这四个单元可以有机地构成一个大军阵，也可以分开成四个独立的小军阵。它能攻能守，反应迅速，自我保护力强，可以说是当时世界上反应最快速的一支部队。从二号坑中出土了大量的陶俑，其中有将军俑、跪射俑、立射俑、骑兵俑、鞍马俑等。我们现在所看到的就是一个从二号坑中出土的将军俑。将军在军队中具有特殊的身份，所以他处处显得与众不同。将军俑头戴双卷尾长冠，冠带在颈下结绳并下垂胸前。冠上两边本来插有两支黑色的鹖(据说是一种性情勇猛、善斗的鸟)尾。将军俑身穿双重战袍，战袍外面的铠甲形制特殊。双肩及前后胸上用彩绸扎成的花结，象征我们现在所说的军功章。这个将军俑胸前佩戴着两朵花结，这表明他曾经立了两次功。他所穿的铠甲以肚脐为界，肚脐以上是上片压下片，肚脐以下是下片压上片。这样的设计是为了弯腰方便，便于指挥作战。这个将军俑的腹部微微隆起，说明秦军中将军的待遇还是相当好的，也反映了早在秦朝时，男子就有了将军肚。可能这就是将军肚的起源了。从这个将军额头上深深的皱纹可以看出，他是一位久经沙场的指挥官。他手指前方，仿佛正在指挥千军万马奋勇作战。

再来看这个骑兵俑和鞍马俑。这个骑兵俑的装束与车兵俑和步兵俑有着明显的区别。他头戴一顶形制讲究的小皮帽，帽子两侧还带扣，紧系于颌下。他身着胡服，这种服饰的特点就是胸部右侧开叉。骑兵俑身披短而小的铠甲，肩上并没有披护，手上也没有护甲，下身穿一件小皮裙。骑兵俑特殊的装束完全是按照骑兵作战的需要而设计的，这样上下马就十分方便。古代对于骑兵的挑选有着严格的标准，不亚于我们现在挑选飞行员。秦朝的军队规定，骑兵的身高必须在1.73米以上，体重不得超过75公斤，年龄也要在40岁以下，同时要体质强健，反应机敏，行动敏捷。这个骑兵俑符合了当时选拔的标准。秦朝对战马的选择也是有规定的，要求战马的高度必须达到1.33米，这匹马正好符合这个标准。它耳若削竹，看起来非常机警，眼若悬铃，粗大的鼻孔和发达的胸肌表明这匹马善于奔跑。从它微张的嘴中可以看出，它共有6颗牙齿，这说明它当时正处于青壮年时期。陶马背上雕有鞍垫，鞍的两端微微翘起。以前人们认为马鞍出现于西汉时期，但秦俑坑陶马鞍的发现就说明我国在秦朝时就已使用马鞍了。马鞍的出现使骑兵的双手得以解放，有效地增强了骑兵的战斗力。有人说东方艺术讲究群体美，而西方艺术追求个体美。秦俑的美虽主要在于它的群体气势，但制造者对它个体形象的塑造也是细致入微的。秦俑不仅面部表情各异，而且连指纹都被刻画得非常精细。我们现在所看到的这个发髻，是将一头长发很规律地辫在一起，然后在发梢处结成一个蝴蝶结。发髻在头的右上方。之所以将发髻结在右边，是因为秦人非常崇尚右。他们把这一理念也体现在发髻上，这在历史上也是独一无二的。这种发髻还给我们一种积极向上、精神振奋的感觉。可见，两千多年前的人们已经有了独特的审美观了。

这里是三号坑。它位于二号坑以西、一号坑以北25米处，面积为520平方米，平面呈凹字形，是三个俑坑中面积最小的一个。三号坑中一共出土了四马、一车和68个陶俑。这些陶俑的排列形式与一、二号坑完全不同。一、二号坑是按实战军阵排列的，而三号坑则是面向内相向夹道式排列。他们手中所持的兵器也有不同。一、二号坑中陶俑所持的兵器有长兵器和短兵器，但在三号坑中只发现了一种无刃兵器——铜殳。铜殳是一种用于仪仗的兵器，因此这里可能是一个地下军队的指挥部。从建筑布局来看，三号坑主要由车马房、南北厢房组成。车马房位于俑坑的中部，面对坑道的东门，这样便于车马进入，而北厢房位于俑坑的北部，其内有朽骨一堆、残鹿角一件，这说明它可能是一个在活动前进行占卜或祷告的场所。南厢房位于俑坑的南部，从东向西依次排列着廊道、甬道、正厅和偏房。武士俑分立于这些建筑的两边，其中以正厅的武士最多。这里可能是召开军事会议的场所。这一点也就完全证实了三号坑是一个地下军队的指挥部——军幕。秦俑坑当中既有“决胜千里之外”的强大军阵，又有“运筹帷幄之中”的将领，设计者真是思虑严密。

秦俑坑不仅是一座不朽的艺术宝库，而且还是一座巨大的武器库。当时青铜铸造业已经十分发达，人们制造出了各种精良的武器装备，这也是后来秦军取胜的一个重要因素。现在展示在各位面前的就是从秦俑坑中出土的最引人注目的一把青铜剑了。“青铜”就是铜和锡的合金，因颜色青灰而得名。这把青铜剑已有两千多年的历史，但是表面并没有生锈，至今仍然锋利无比。在它刚刚出土时，专家们曾经用它一次划透了20张纸。即使现在的玻璃刀想做到这一点也绝非易事。经鉴定，它表面有10～13微米的铬盐氧化层。它采用了铬盐氧化技术。铬盐氧化技术有两种：一种是电子镀铬，在20世纪30年代由德国人发明；另一种是化学镀铬，在我国两千多年前就已经被发明出来了，这一点实在是令人叹服！

秦俑坑中出土的这些兵器中有相当一部分显示当时的兵器制造已经达到了相当先进的水平。我们现在所看到的这些东西叫作铜簇，也叫铜箭头。它就是秦朝兵器制造标准化的一个代表。同一棱的三个面误差不超过0.15毫米，而不同簇之间也不超过0.2毫米。可见，并不只是现代的许多行业中讲求标准化、规范化，其实古人在很早就有了这样的观点。这些铜簇主要可分为大型与小型两类。大型铜簇的铤特别长，铤首也很大，而小型铜簇的铤是圆形或三棱形的，将它们放入箭槽中便于瞄准。它们在空中呈流线型，阻力特别小，还具有很强的平衡性和稳定性，是秦朝的主要兵器之一。这些出土文物证明了：早在两千多年前，中国的金属加工工艺以及技术标准化水平就已经是世界一流的了。

【思考】

本篇导游词应用了哪些讲解技巧？试着分析本篇导游词的优缺点。

七、红色旅游景区(点)导游讲解

红色旅游景区(点)是以中国共产党领导人民在革命和战争时期建树丰功伟绩所形成的纪念地、标志物为载体，以其所承载的革命历史、革命事迹和革命精神为内涵，组织接待游客开展缅怀学习、参观游览的主题性旅游活动场所。

中共中央办公厅、国务院办公厅出台的《2016—2020年全国红色旅游发展规划纲要》中，将红色旅游的理想信念教育功能以及红色旅游的文化内涵作为规划重点。2018年3月22日，《国务院办公厅关于促进全域旅游发展的指导意见》中，再次针对红色旅游做出明确指示，以弘扬社会主义核心价值观为主线发展红色旅游，积极开发爱国主义和革命传统教育、国情教育等研学旅游产品。我国目前有一百余处革命旧址和纪念馆被纳入国家级抗战纪念设施、遗址名录，有两百余处革命旧址和纪念馆被命名为全国爱国主义教育示范基地。

(一)红色旅游景区(点)的特点

红色旅游景区(点)在自然景观的基础上附加了革命精神文化，对自然环境中的各物质要素进行人为的规划设计、建设改造和重新利用，将大自然景观和文化相融合，使得人们在游玩的过程中感受和体悟红色文化的精神内涵。其主要特点如下。

1. 教育性

在我国政治史上，“红色”一直都是革命的象征和代表。与此同时，“红色”也代表着正义和顽强不屈的革命精神。因此，红色旅游景区(点)的教育意义远大于其他类别的主题性景区(点)。红色旅游景区(点)旨在让游客通过对某处景观的游览，深入地了解该处景观所发生的历史事件，感受革命先辈们的生活，从中学习、感受先辈们的精神，以激励自我。红色旅游景区(点)作为爱国主义教育基地，尤其对当代青少年具有重要的教育意义。红色旅游景区(点)能够帮助青少年更充分、更全面地了解特定的历史事件和革命文化，有助于引导青少年树立正确的世界观、人生观和价值观。

2. 地域性

红色旅游景区(点)的形成与其他类别的主题性景区(点)有着共通之处，即与当地的自然环境、区域文化传统等相结合。但是，红色旅游景区(点)的建设也有其自身的独特之处，即除了要考虑当地特色之外，还要参照历史上的著名革命事件发生地，革命人物的生活、工作足迹(遗址、故居)等。因此，红色旅游景区(点)的规划和设计主要是围绕纪念性建筑、纪念性场地等环境空间进行的。红色旅游景区(点)对改善场所环境、弘扬特定区域的革命优良传统、传播革命文化具有十分重要的意义。

3. 稳定性

红色旅游景区(点)的稳定性是指其所蕴含的历史意义和所表达的革命精神基本上不会随着时代的变迁和经济的发展而发生大的改变。首先，红色旅游景区(点)的建设地往往都是受到政府保护的。人们对当地的开发和建设都需要考虑对历史文化的保护和继承。其次，红色旅游景区(点)所表达的革命精神和革命文化是在历史发展过程中逐渐沉淀并受到社会大众广泛认可的高尚文化。因此，这种文化内涵在短时间内不会受到时代变迁以及经济发展的影响和干扰。

(二)红色旅游景区(点)的讲解技巧

1. 坚定政治立场和政治方向

发展红色旅游是一项坚定中国特色社会主义理想信念、巩固共同思想基础的政治工程。导游人员在讲解红色旅游景区(点)时，应坚定政治立场，保持正确的政治方向，弘扬爱国主义精神和革命传统，要以崇敬之心对待革命历史，以严谨的态度和高度的政治责任感对待革命人物，坚决杜绝随意发挥和哗众取宠，坚决摒弃掺杂粗俗、迷信、低级趣味等内容的讲解，确保讲解“不走调”“不串色”。

2. 注重讲解内容的严肃性和严谨性

红色旅游景区(点)的价值是其背后所蕴含的厚重的红色精神和理想信念。因此，导游人员应注重讲解内容的严肃性和严谨性。红色旅游景区(点)的讲解内容主要是中国共产党党史、革命史、创业史、建设史等。因此，讲解内容要符合史实、有据可循、真实可信，导游人员不能妄加推测和杜撰。如有说法不一或者多种解释，要向游客交代清楚。

3. 灵活运用讲解方法

红色文化传承必然经由从表层到深层，从感知物质文化到产生情感共鸣，再到接受精神文化这样一个过程。鉴于这样的特殊性，导游人员在讲解时应该特别注意讲解方法的灵活运用。例如，根据因人而异、以人为本的原则，在不同的参观情境下，导游人员可灵活选择简单概述法、层次讲解法、分段讲解法、突出重点法、有问有答法、触景生情法、故事讲解法、歌曲演唱法、诗歌朗诵法、数字说明法、类比讲解法、知识渗透法、名人效应法、引用名句法、虚实结合法等方法进行讲解，以吸引游客的注意力，激发游客的兴趣，调动游客参与的积极性。

☞**学与思**

井冈山革命根据地导游词

井冈山位于湘赣边界、罗霄山脉中段，它是一块红色的土地，它是一座绿色的宝库。“四面重峦障，五溪曲水萦。红根已深植，今日正繁荣。”这是老一辈无产阶级革命家董必武于1960年访问井冈山时对井冈山的评价。

井冈山有100多处(其中26处被列为全国重点文物保护单位)迄今保存完好的革命旧址遗迹，被誉为“中国革命的摇篮”和“中华人民共和国的奠基石”，是中国共产党永远的精神家园，先后被列为“首批全国青少年革命传统教育十佳基地”“全国优秀社会教育基地”“全国爱国主义教育示范基地”。2004年，又被列为全国“重点红色旅游区”和“红色旅游经典景区”。

井冈山市的面积约为660平方千米，辖五乡一镇、一个省属综合养殖场和一个自然保护区。市政府坐落在崇山台间的茨坪盆地里。井冈山山地面积为总面积的89%，森林覆盖率高达64%，有“绿色宝库”之称。全境有原始森林四处，面积近70平方千米，植物种类有3800多种，其中高等植物2000多种，木本植物800多种，有观光木、鹅掌楸、香果树、银杏、黄杉、冷杉、台湾松、福建柏、银钟花等上百种中国特有或世界独有树种。井冈山又是天然动物园，840多种动物栖息在这里，有黄腹角雉、短尾猴、华南虎、云豹、大灵猫、原麝马鹿、毛冠鹿等20多种国家级保护动物。由于动物资源丰富，因此井冈山于1981年设立了面积达16.6平方千米的自然保护区。

井冈山自公元前221年秦朝设郡县制起，即为九江郡庐陵县属地，但茨坪的开发是在668年以后，大小五井则是在1644年以后才建村立寨，并分属永新县、龙泉县(今遂川县)。直至1928年这里才设立了独立的行政建置——新遂边陲特别区，1955年成立江西省井冈山管理局，1984年改为井冈山市。

井冈山山高林密，沟壑纵横，层峦叠嶂，地势险峻。其中部为崇山峻岭，两侧为低山丘陵，从山下往上望，巍巍井冈犹如一座巨大的城堡，五大哨口是进入“城堡”必经的“城关”，有“一夫当关，万夫莫开”之势。1927年秋，毛泽东、朱德等中国共产党人率领中国工农红军在这里创建了第一个农村革命根据地，为中国革命开辟了一条以农村包围城市、最后夺取城市的正确道路。因而，井冈山以“革命摇篮”而饮誉海内外。

这片神奇的土地，曾经养育了毛泽东、朱德等一代伟人。30多处革命遗址仍保存良好，其中国家级保护遗址10处，省级保护遗址2处，市级保护遗址17处。井冈山革命博物馆馆藏文物近3000件。由碑林、雕塑群、革命烈士纪念碑构成的井冈山革命烈士陵园详细记述了井冈山斗争的光荣历史。如果您想探究中国现代革命史迹，追寻先烈光荣传统，井冈山将给您满意的答复。

井冈山不仅革命遗址众多，而且风景非常秀丽。风景名胜区面积达213.5平方千米，分为茨坪、龙潭、黄洋界、五指峰、笔架山、仙口、桐木岭、湘洲八大景区，有景点60余处，景观270多个。雄伟的山峦、怪异的山石、参天的古树、神奇的飞瀑、磅礴的云海、瑰丽的日出、烂漫的杜鹃、奇异的溶洞，令人心旷神怡，流连忘返。这里夏无酷暑，冬无严寒，气候宜人，四季皆游，春赏杜鹃，夏观云海，秋眺秀色，冬览雪景。这里是观光游览、避暑疗养、科学考察、历史研究的好去处。难怪中国当代文豪、著名历史学家郭沫若在瞻仰革命遗址、游览龙潭风景区后，发出“井冈山下后，万岭不思游”的慨叹。

【思考】

本篇导游词应用了哪些讲解技巧？试着分析本篇导游词的优缺点。

八、工业旅游景区(点)导游讲解

工业旅游是指以工业生产过程、工厂风貌、工人劳动场景为主要吸引物的旅游活动。工业旅游是伴随着人们对旅游资源理解的拓展而产生的一种旅游新概念和产品宣传新形式。工业旅游在发达国家由来已久，特别是一些大企业，利用自己的品牌效应吸引游客，同时也使自己的产品家喻户晓。在我国，工业旅游的出现则是最近十多年的事情，但已成为深受广大游客喜爱的旅游形态。

(一)工业旅游的特点

1. 知识性强，科技含量高

工业旅游的游览对象决定了它有别于传统的观光旅游活动。先进的设备是现代科学技术的结晶，独特的工艺包含着丰富的科学知识，井然有序的生产流程是现代管理技术的合理运用，良好的工作氛围和厂区环境是企业文化的充分体现，这些正是工业旅游的特色所在。

2. 独特的观赏性

工业旅游的游览对象决定了它带给人的必然是独特的观赏体验。钢花飞溅的车间、几分钟组装一辆汽车的总装线和卫星发射的场面都给人以耳目一新的感觉，这是在其他观光旅游活动中不能看到和体会到的。此外，各个工业企业都有自己独特的企业文化，游客可以在游览过程中充分感受。

3. 较强的参与性

游客可以到现场参观企业产品的生产制作过程，甚至能够亲自动手参与生产制作。这样不仅可以加深游客对企业产品的认识和了解，而且还能使游客享受到无限乐趣。例如，在香港的香水厂，游客可以在技术人员的指导下自己配制香水。

4. 独特的吸引力

工业旅游往往融游览与采购于一体。但是，工业旅游中的购物与一般的旅游购物有所不同，游客可以省去市场流通环节，直接向生产厂家购买自己喜爱的产品。所购产品不仅价格较低，而且质量优良，这也是工业旅游吸引游客的一个重要原因。

5. 极强的宣传性

工业旅游实际上是一种特殊形式的广告。从游客角度讲，求新、求异、求知、求乐是他们参加工业旅游的重要动机。他们能够在游览过程中了解产品的整个生产过程，从而增长知识，获得乐趣。从企业角度讲，企业通过让游客亲自参与，向游客展示自己的企业实力、企业文化、生产规模和管理优势等，赢得游客的认同和信赖，扩大品牌的影响力。这种宣传效果是其他广告形式所无法比拟的。

(二)工业旅游景区(点)的讲解技巧

1. 提醒游客参观游览的注意事项

在带领游客参观和讲解的过程中，导游人员应及时告知游客参观游览过程中的注意事项。例如，有的工业旅游可能是直接参观生产线，需要游客佩戴安全帽或穿防护服；有的工业旅游可能涉及企业机密或技术机密，禁止游客拍照；有的工业旅游可能仅开放部分区域，禁止游客到参观区域以外的地方活动，等等。

2. 选择合适的讲解方式

工业旅游一般会涉及比较专业的知识和技术，这些往往是游客比较陌生，甚至难以理解的。导游人员应该把那些晦涩难懂的知识和技术，以一种通俗易懂、简单明了的方式讲解出来，不仅让游客听懂，而且让游客产生兴趣，进而获得愉快的旅游体验。

3. 讲解和游客体验相结合

导游人员应把讲解和游客体验结合起来，在讲解的同时，让游客亲自操作、亲自体验。例如，在辽宁铁岭的调兵山蒸汽机车博物馆，导游人员除了讲解蒸汽机车的相关知识外，还带领游客观看蒸汽机车展览品，乘坐蒸汽机车，甚至教游客自己开小火车。这样既增加了旅游的趣味性，也提升了游客的旅游体验。

☞**学与思**

××乳业(集团)导游词

××乳业(集团)股份有限公司始建于19××年，总部设在××经济园区，2004年在香港上市，2014年成为入选恒生指数成分股的中国乳业第一股。2016年，

××乳业(集团)位列全球乳业第10位，2017年正式成为2018 FIFA世界杯全球官方赞助商。它是国际足联在全球赞助商级别首次合作的乳品品牌，也是率先成为世界杯全球赞助商的中国食品饮料行业品牌，还是中国航天事业战略合作伙伴、金砖国家领导人厦门会晤指定饮品、NBA中国官方市场合作伙伴、上海迪士尼度假区官方乳品合作伙伴、北京环球度假区官方乳品及冰激凌独家供应商。它连续13年牵手NBA、博鳌等国际平台，连续15年用高品质的产品为中国航天提供营养支持。

作为中国领先的乳制品供应商，××乳业(集团)专注于研发生产适合国人的乳制品，连续10年位列全球乳业20强。自成立以来，××乳业(集团)已形成了拥有液态奶、冰激凌、奶粉、奶酪等多种产品矩阵系列，拥有多种明星品牌。

截至目前，××乳业(集团)在全国建立了38个生产基地，在新西兰、印度尼西亚各1个基地，年产能合900多万吨。其中，于2018年11月正式开业的印度尼西亚工厂，当地生产，当地销售，为印度尼西亚消费者提供世界品质的××系列产品。工厂从动工到投产仅用了5个月，创造了××乳业(集团)历史上工厂建设的最快速度。2018年，××乳业(集团)实现收入近700亿元，高端UHT奶、低温酸奶份额保持领先。

2009年7月，中国最大的粮油食品企业入股××乳业(集团)，成为其第一大股东。近年来，××乳业(集团)着力整合全球优势资源，先后与丹麦阿拉福兹(Arla Foods)、法国达能(Danone)、美国白波(White Wave)、新西兰安硕(AsureQuality)、美国加利福尼亚大学戴维斯分校(UC-Davis)、新西兰梅西大学(Massey University)达成战略合作，快速实现了与国际乳业先进管理水平的接轨，并形成了集奶源建设、研发生产及销售于一体的大型乳制品全产业链。规模化、集约化奶源比例达100%。××乳业(集团)同时是现代牧业集团的最大单一股东。

××乳业(集团)与合作伙伴在美国、法国以及丹麦的研发中心开展全球研发布局，旨在未来能够在营养健康食品方面为中国的消费者提供更好的产品。它先后与30余家高等院校和科研机构建立了合作关系，并承担由中丹两国农业部牵头成立的“中丹乳品技术合作中心”这一国家级合作项目在中方的实施工作。

2016年，××乳业(集团)出口产品加工基地通过了国家出口内销产品“同线同标同质”审核，成为国内首家获得此认证的乳品企业，这标志着国内乃至国际市场对其国际化品质的高度认可。××乳业(集团)也已在澳大利亚、新西兰、新加坡、马来西亚、印度尼西亚、柬埔寨、缅甸、蒙古等十国建立了海外市场，出口产品包括常、低、冰三大业态，受到海外市场的认可和好评。

不仅如此，××乳业(集团)还积极参与全球乳业事务，并在其中扮演越来越重要的角色。2018年，它成为中国—新西兰商务理事会的中方主席单位。同年，其总裁还当选全球乳制品论坛组织首位中方董事。

“不忘初心，牢记使命。”多年来，××乳业(集团)党委结合企业自身特点探索和实践党建工作做法，充分发挥党组织和党员队伍作用，在“两学一做”学习教育常态化、制度化以及创新党建工作之路方面进行了不懈的探索与努力，最终为企业发展和转型升级提供不竭动力。

乳业是健康中国、强壮民族不可或缺的产业，也是实现“健康中国梦”的必要前提和重要标志。××乳业(集团)致力于“以消费者为中心，成为创新引领的百年营养健康食品公司”，并着力提升品牌能力、销售能力、数字化能力、研发创新能力、高效营运能力、组织保障能力，推动高质量、高水平发展，以更优质的产品服务国民健康，为提振中国乳业当好“排头兵”。

【思考】

本篇导游词应用了哪些讲解技巧？试着分析本篇导游词的优缺点。

【自我学习】

一、填空题

1. 旅游景区(点)的景观大体可分为两大类，即自然景观和(　　)景观。

2. 水体景观是指由水体本身或以水为主与其他造景因素融合而形成的具有(　　)价值的自然景观，主要包括海洋、(　　)、瀑布、(　　)、沼泽等景观。

3. 中国古代建筑主要以木材、砖瓦等为建筑材料，形成由立柱、梁、檩等构件组成的框架，各构件间采用榫卯插合，构建成极其富有弹性的(　　)结构。

4. 斗拱的形制也成为建筑(　　)的标志。

5. 藻井，含有“五行以水克火，预防(　　)”之意。

6. 中国园林造园的基本法则是“(　　)、无定式”。

7. 博物馆是征集、典藏、陈列、保护和研究代表自然和人类文化遗产的实物，并对那些有(　　)、历史价值、文化价值、艺术价值和(　　)的物品进行分类管理的场所。

8. 红色旅游景区(点)是以中国共产党领导人民在革命和战争时期建树丰功伟绩所形成的(　　)、标志物为载体，以其所承载的革命历史、革命事迹和(　　)为内涵，组织接待游客开展(　　)、参观游览的主题性旅游活动场所。

9. 工业旅游是指以工业(　　)、工厂风貌、工人劳动场景为主要吸引物的旅游活动。

二、多选题

1. 中国古代木构架结构主要有(　　)三种形式。

A. 几何式　　B. 井干式　　C. 穿斗式　　D. 抬梁式

E. 架构式

2. 清式彩画主要分为(　　)三大类。

A. 和玺彩画　　B. 旋子彩画　　C. 殿式彩画　　D. 民间彩画

E. 苏式彩画

三、列举题

1. 请列举水体景观的美学价值。

2. 请列举古典园林的构成要素。

四、实训题

请以学习小组为单位，任选一处旅游景区(点)，完成以下任务。

(1)分析旅游景区(点)的特点，并设计参观路线；

(2)撰写旅游景区(点)讲解词；

(3)模拟或实地进行讲解练习；

(4)录制导游讲解服务视频。

任务 14 答案

>> 任务 15　景区(点)导购服务 <<

【任务描述】

学习景区(点)导购服务的相关知识，学会合理安排购物环节、适时介绍景区(点)特色旅游商品及当地特产、正确辨别旅游商品质量、灵活运用旅游商品销售技巧等职业能力，完成一次导购服务。

【技能实训】

实训任务	为某旅游团提供导购服务
实训目标	1. 知识目标：学会景区(点)导购服务的相关知识 2. 技能目标：能灵活运用基本的旅游商品销售技巧；能为游客介绍景区(点)特色旅游商品及当地特产；能辨识旅游商品质量，并向游客提出有价值的参考意见 3. 素质目标：提高语言表达能力、组织能力、观察能力、团队合作能力
实训学时	建议 6 学时
实训地点	教室、导游实训室或景区(点)
实训条件	1. 校内实训室：学生用电脑、多媒体设备、导购服务评价表等 2. 校外实习基地：2～3 家具有购物场所的旅游景区(点)
实训流程与标准	1. 分配学习小组，明确小组任务 2. 学习小组利用网络或通过实地调研了解某景区(点)的旅游特色商品或当地特产 3. 学习小组选定旅游景区(点)购物场所，利用角色扮演法进行导购服务模拟训练 4. 教师、学生、企业三方对学生实训成果进行评价 5. 学习小组之间进行交流并总结经验
实训考核建议	1. 考核内容：态度＋纪律＋模拟＋汇报 2. 考核方式：导购服务评价表 3. 考核主体：教师、学生、企业兼职教师

【理论知识】

☞学与思

特色旅游商品

北京的工艺美术品市场从古至今都很繁荣，尤以玉、石、象牙雕刻工艺品和金属工艺品为代表。北京景泰蓝，誉满中外。地毯、雕漆、挑补绣品、料器、内画壶、戏剧脸谱及民间绢人、绢花等都很有特色。上海的轻纺工业发达，其产品质量精良。上海的顾绣、绒绣非常著名，绒绣纺织品非常有特色，其针法、花式、图案繁多，男女套衫、大衣、裙子、童装、鞋帽、围巾等，是春秋季节广受人们欢迎的时令商品。杭州丝绸是很著名的旅游商品。杭州织锦精美华贵，主要有织锦缎、古香缎和都锦生织锦，历来为游客所喜爱。古城西安，历史文物相当集中。大量出土文物的复制品、仿制品，是很受欢迎的旅游商品。兵马俑、瓦当汉砖、字画碑帖不可胜数。广东省的轻纺、工艺美术品品种较齐全，门类丰富。粤绣和抽纱刺绣，广东藤编、玩具，巧妙的广州象牙球，华丽的广州彩瓷，名贵的端砚及新会葵扇，潮州麦秸贴画，石湾陶，枫溪瓷，广州针织服装，旅游小食品均负盛名。海南省的椰雕、牛角制品等体现了浓郁的地方特色和民族风情。

【思考】

中国的旅游商品分布很广。由于资源、经济发展和文化艺术的不同特点，各地形成了独具特色的商品。结合自己的经历谈谈当地有哪些特色旅游商品。

旅游购物是旅游团的一项重要活动，也是游客的重要需求。游客每到一地都希望购买一些旅游纪念品以及当地的土特产品，或馈赠亲友，或自己保留。当游客买到自己满意的物品时，就会有一种满足感。在游客购买商品时，导游人员自然就成了最直接的咨询对象。因此，导游人员在指导旅游团购物方面具有十分重要的作用。

一、旅游购物

旅游六要素是吃、住、行、游、购、娱。购物是旅游的一个重要环节。旅游购物能够丰富游客的旅游体验和旅游经历，增强旅游目的地的魅力。作为一种旅游行为，旅游购物对当地的社会文化、经济以及旅游政策都会产生重要的影响。发展旅游购物是提高旅游整体经济效益的重要途径，是增加当地人民收入和就业机会、振兴当地经济的重要手段之一。对于国内而言，旅游购物的发展可以直接满足本国人民日益增长的物质和文化需求；在国际范围内，旅游购物的发展可以加深世界各国人民对旅游目的地国家和地区的历史文化、民族传统的了解。

旅游购物是指游客在旅游目的地或在旅游过程中购买商品的经济文化行为以及在此过程中附带产生的参观、游览、餐饮等一切行为。旅游购物不仅包括专门的商品购买行为，还包括与旅游活动相关的休闲娱乐活动，如景区(点)门票、娱乐项目、酒店住宿等。

二、旅游购物场所

旅游购物场所是指主要为旅游团购物提供服务的场所。旅游购物场所被划分为两个等级，从低到高依次为旅游购物推荐点和旅游购物示范点。目前，我国大多数旅游景区(点)都建有自己的购物场所，旅游购物场所也成为旅游景区(点)的重要组成部分。随着我国旅游业的不断发展，景区(点)内的购物场所越来越规范，经营也越来越正规。《旅游购物场所等级划分与评定》中规定，旅游购物场所等级分为五个等级，用五角星号由高到低依次标示为五星级、四星级、三星级、二星级、一星级。星级越高表示该旅游购物场所的档次越高。

目前，我国旅游购物场所分为很多类型，大体如下。

(一)按照出售商品的性质分

第一，日用购物场所。主要指出售日常用品及旅游必需品(如水、面巾、零食、电池、雨伞等)的购物点。

第二，游乐性购物场所。主要指出售游乐用品以及纪念品的购物场所。

(二)按照购物场所的经营及分布特点分

第一，零散型特色购物点。这些购物点是游程中的休息点和兴奋点，一般安排在休息节点，如登山节点、码头、索道站、景区核心区等地方。能否获得较好的收入，在于其是否有特色，需要特色纪念品来支撑。

第二，购物街。一般被设在游憩中心、完成游览后出门至停车场的通道上、大型停车场内等地方。

第三，专业的旅游购物场所。由导游引导进入，是一种独特的商业模式。但由于很多经营者存在欺诈行为，已经引起游客的强烈反感。

三、进行景区(点)导购服务的基本要求

(一)注重分析游客的心理特点

旅游团是千差万别的，每个团的特点都不一样，所以导游人员要注意分析游客的心理特点，拉近与游客之间的心理距离，迎合游客的心理需求，为宣传和促销讲解打下良好的基础。

(二)把握讲解的时机

导游人员应该在路上、车上等旅游途中多给游客讲解旅游地的风土人情，得到游客的信任和好感，然后自然过渡到介绍当地的特色旅游商品上去，激发游客的购买欲望。

(三)教游客辨识商品质量

导游人员平时要积累相关知识和经验，学会鉴别和判断商品的真伪，然后教给

游客辨识商品质量的方法。在介绍商品时，不要回避商品的缺点和不足，做到诚实告知、信息对等，把选择权和决定权交给游客。

(四)注重游客的反应

导游人员要学会察言观色，既要注意激发游客的购买欲望，又要时刻留意游客的反应，并根据其反应选择讲解重点，以提高讲解的针对性。

四、景区(点)导购服务流程

随着旅游业的飞速发展，游客越来越重视购物场所的特色化和购物设施的现代化，也越来越重视旅游购物服务的人性化。要满足游客的购物需求，提升游客的购物体验，提高游客的购物满意度，导游人员必须具备一定的导购服务技能。

导游人员要做好导购服务工作，应该始终把服务放在第一位。优质的服务是博得游客信任和好评的基础。如果导游人员的功利性太强，在导购服务过程中除了特色商品之外什么都不讲，反而容易使游客反感。因此，导游人员应通过优质的服务，取得游客的信任，努力拉近与游客之间的距离，并在此基础上，适宜地向游客推荐和介绍当地的特色商品，通过精彩的讲解，普及当地特色商品的相关知识，进而达到让游客自愿购买的目的。

导游人员在进行导购服务时要严格执行导购服务流程，真正做到既满足游客的需求，又保障游客的利益。具体导购服务流程如下。

(一)介绍商品

导游人员要熟悉当地的相关旅游商品，主动介绍当地有特色、有知名度的旅游商品。在介绍旅游商品的时候，要做到以下几点。

1. 突出旅游商品的文化内涵

许多地方特色商品是多年文化传承的结果，在历史发展过程中，融合了许多人文思想和艺术元素。导游人员在讲解商品时，要注意突出其文化内涵，满足游客的审美需求。

2. 讲解真实客观

导游人员在讲解商品时，要努力做到实事求是、客观公正，评价要恰如其分，坚决杜绝不负责任、无限夸大的讲解，以免误导游客，更不能为了一己私利进行欺骗性的宣传。

3. 突出旅游商品的特点

旅游商品具有文化性、艺术性、纪念性、便携性等特点。导游人员在介绍旅游商品时，应尽量抓住旅游商品的特点，让游客对旅游商品产生深刻的印象，进而激发游客的购买欲望。

☞知识链接

旅游商品的特点和类型

旅游商品一词来自拉丁语 Subenir，其本意为回忆一次旅游而购买的商品，是用于纪念特殊时期或经历的事物。旅游商品主要是指游客在旅游目的地购买的具有浓厚当地特色的土特产品或者手工产品。

一、旅游商品的特点

旅游商品不仅要满足游客的物质需求，还要满足游客的心理需求和精神需求。因而，除具有普通商品的一般属性外，还有以下特征。

第一，文化性。旅游商品在设计、质地、工艺上都带有旅游目的地国家或地区的文化属性，其文化内涵极具地方风格。

第二，艺术性。旅游商品的整体设计新颖独特、美观别致，具有艺术欣赏价值，主要表现为主题和制作的艺术性。

第三，纪念性。旅游商品的纪念价值来源于商品本身的地方特色和艺术价值，也是游客旅游活动在时间、内容和方式上的标志。

第四，便携性。旅游商品在设计和生产上强调轻、薄、短、小。

除此之外，旅游商品还具有依赖性和角色指向性等特征。依赖性是指旅游商品的生产、流通与其他部门密不可分。角色指向性是指游客购买的商品都算旅游商品。

二、旅游商品的类型

旅游商品的分类是指在日常经营管理中根据一定的标准对旅游商品的种类进行系统划分的过程。旅游商品的分类方法如下。

(一)按照用途分类

按照用途对旅游商品进行分类，便于游客迅速找到合适的旅游商品。按照此方法，我们将旅游商品分为以下几类。

1. 消耗性旅游商品

消耗性旅游商品是指游客在旅游过程中购买的在平时生活中有具体用途的并且可以代替一般生活用品功能的旅游商品。它具有一次性的特性，而且具有一定的使用期限。消耗性旅游商品又可以再分为旅游中消耗品和旅游后消耗品。

旅游中消耗品是指游客在旅游过程中消耗的食品、饮料、日常生活用品，是游客在旅游过程中的基本需求。游客主要是按照平时的喜好来选择购买这类商品的，消费支出较为稳定、有限。

旅游后消耗品是指游客在旅游途中购买的具有当地特色的而在异地消耗的商品。现在各地的土特产品多属于旅游后消耗品。这些旅游商品反映了旅游目的地的文化特点。

2. 旅游用品

旅游用品是指游客为了实现特定的旅游目的所购买的在旅游过程中使用的商

品，如相机、雨衣、鞋帽、美容护肤品等。

3. 旅游纪念品

旅游纪念品是指游客在旅游过程中购买的具有区域文化特征、富有民族特色、具有长期纪念意义和收藏价值的一切物品。我国旅游纪念品的种类繁多，归纳起来主要有以下三类：

第一，陈设类旅游纪念品。此类纪念品是游客到旅游地购买的具有当地文化特色的旅游商品。购买此类商品主要是为了纪念参加的旅行活动。此类商品也可以起到装饰的作用，一般多为地方特色商品或传统手工艺品，如雕刻品、镶嵌器具、书画等。

第二，有日用功能的旅游纪念品。我国具有地方特色的日用工艺品主要包括漆器、陶瓷工艺品、织绣、竹器等多种类别。此类商品具有较高的艺术价值和欣赏价值，受到国内外游客的喜爱。

第三，收藏类旅游纪念品。此类纪念品是指一些旅游收藏爱好者为了收藏的目的而在旅游目的地购买的极具当地特色的旅游商品。最具代表性的有邮票、钱币、古玩等。

(二)按照原材料分类

按照原材料进行分类，我们可以将旅游商品分为动物性旅游商品、植物性旅游商品和矿物质旅游商品。

第一，动物性旅游商品，即以动物性原料制成的旅游商品，如皮毛制品等。

第二，植物性旅游商品，即以植物性原料制成的旅游商品，如盆景、根雕以及农副产品、植物标本、布艺品等。

第三，矿物质旅游商品，即以矿物质原料制成的旅游商品，如陶瓷工艺品、金银饰品、金属工艺品以及宝石玉器等。

(三)按生产加工方法分类

生产加工方法对旅游商品的性能、特征和质量具有很强的影响力。一些旅游商品虽然原材料相同，但是由于制造工艺或者加工方法的不同，其特征和性能也会有很大差异。比如，酒产品按照酿造方法的不同可以分为酿造酒、配制酒、蒸馏酒等；茶叶按照制作方法的不同可以分为绿茶、红茶、白茶、黄茶和花茶等。

(四)按照标准化程度分类

按照标准化程度分类，我们可以将旅游商品分为标准旅游商品和非标准旅游商品。

第一，标准旅游商品。这类旅游商品最大的特点就是有明确的质量标准，且有相关机构对其质量进行监管。标准旅游商品可以分为以下六大类：旅游食品和饮料、日常消耗用品、基本加工材料、以动植物和矿物等为原材料生产的旅游商品、工业化生产的成品、无法分类的其他商品。

第二，非标准旅游商品。这类商品最显著的特点是没有确切的质量标准，其质量的好坏主要依据消费者的主观评价，如古董、美术品、艺术品等。

除此之外，旅游商品的结构、重量、包装、属性、产地、生产时间等都可以作为旅游商品分类的标志。

(二)合理安排购物时间

在遵从游客意愿、征得游客同意的基础上，导游人员应合理安排购物时间，不可太长，也不可过短，切忌过于频繁，应把最佳时间段安排用于游览。

(三)提供咨询服务

对于游客感兴趣而又不太了解的商品，导游人员要主动进行介绍。介绍商品时要客观、公正、详细、具体，尤其是在涉及商品的功效和性能等方面时，更要实事求是。价格问题是个敏感问题，导游人员一般不要妄加评论。购买与否，由游客自己做主，导游人员不要过分干预。

五、景区(点)导游人员的销售技巧

向游客介绍和推销当地的特色旅游商品是导游服务的既定内容，缺少这一环节的导游服务是不完整的。推销能力不是一天两天能够练成的，导游人员既需要不断地学习和训练，也需要掌握一定的销售技巧。

导游人员应在掌握心理学、消费者行为学、市场营销学等领域的专业知识的基础上学会熟练运用相关的销售技巧，提升自身的导购服务水平。下面介绍几种行之有效的销售技巧。

(一)欲扬先抑式

在带领游客游览的过程中，导游人员要少说一些空话、套话，尽量不提与购物相关的话题，而是先以优质的服务使游客获得最好的旅游体验，提升游客的旅游价值认同感，从而引导游客对当地的特色旅游商品产生兴趣，激发游客的购买欲望。

(二)专家博学式

游客出来消费最害怕买到假货或“物非所值”的商品，因此他们需要的是一名购物专家型的导游人员。这就要求导游人员特别熟悉当地的旅游商品，能够从商品的产地、历史、种类、市场价格、优缺点以及如何分辨真伪等各个方面进行专家式的讲解，让游客全方位地了解旅游商品，从而买到称心如意、物美价廉的商品。

(三)主动示范式

在购物过程中，在从众心理的驱使下，示范的效果往往是惊人的。也就是说，导游人员在陪同游客购物的过程中，可以主动购买一些商品，利用游客的从众心理，引导游客进行消费。因为游客普遍会认为，导游都要买的东西肯定不会错，所以他们也会积极购买，而且购物的数量甚至超出预期。当然，运用这种方法时，一定要保证商品本身是物有所值的，万不可虚假诱骗。

(四)心理暗示式

在与游客的接触过程中，导游人员经常提及的事物会给游客留下深刻的印象，这就是一种心理暗示。因此，导游人员要在提供讲解服务的过程中渐进地、点滴式地渗透当地的旅游商品信息，以“润物细无声”的方法加深游客对旅游商品的印象，进而水到渠成地促成游客的购买行为。

(五)价格对比式

导游人员应不断了解市场行情，对一件商品在不同地区的销售价格以及同类商品不同档次的销售价格等信息做到心中有数，并在导购服务过程中为游客客观、透彻地分析所推荐商品的价格和性价比，以此赢得游客的信任，达到促使游客自愿购买的目的。

旅游商品推销技巧千差万别，导游人员需要根据游客、购物场所、购物时机等情况选择利用。但总体说来，推销就应该以微笑和礼貌为前奏，以博学和轻松为铺垫，以优良的产品为保障，以诚信和服务为依托，这样才能有好的效果。

六、景区(点)导购服务的注意事项

导游人员进行景区(点)导购服务时的注意事项如下。

第一，合理安排购物时间。在保证完成主要游览行程和参观内容的前提下，合理安排购物时间。

第二，态度前后一致，周到细致。对只看不买的游客，导游人员也不能怠慢，因为观看者也许明天就是购买者。

第三，介绍商品时，除介绍特色和优点外，别忘了讲商品的缺点。介绍特产时要讲解与之相关的背景文化，不能只为推销商品而讲解，更不能讲完就带游客购物。在讲解过程中，导游人员应注意观察游客对自己所讲解内容的态度，并灵活调整讲解词。

第四，掌握一些鉴别商品真伪优劣的知识，并适时教给游客，帮助游客买到称心如意、物美价廉的商品。

第五，拉近与游客的心理距离，了解游客的购买动机，以负责的态度帮助游客下决心，促使其产生购买行为。

第六，如果有游客买到了不满意的商品，要热心协助游客做好商品的调换工作。

《旅游购物场所服务质量要求》

【自我学习】

一、多选题

1. 按出售商品的性质分，旅游购物场所可分为(　　)。

A. 日用购物场所　　B. 零散型特色购物点

C. 购物街　　D. 游乐性购物场所

2. 旅游商品具有(　　)等特点。

A. 艺术性　　B. 文化性　　C. 纪念性　　D. 便携性

3. 以下哪项属于矿物质旅游商品？(　　)

A. 根雕　　B. 陶瓷工艺品　　C. 玉器　　D. 金戒指

4. 游客购物后发现所购物品是残次品或计价有误，要求导游人员帮其退换。对此，导游人员应(　　)。

A. 积极协助　　B. 必要时陪同前往

C. 婉言拒绝　　D. 帮忙联系商家并协助沟通

5. 游客欲购仿古艺术品，要求导游人员帮忙，导游人员的正确态度是(　　)。

A. 既然是仿古艺术品，就不应该干预，在哪里买都可以

B. 虽然是仿古艺术品，但要劝他不要在地摊上买

C. 告诉游客在商店购买的即使是仿古艺术品，也要保存好发票

D. 告诉游客海关对外国人购买仿古艺术品在数量上是有限制的，不要任意购买

二、思考题

1. 导游人员和商场的导购员有什么区别？

2. 在今天的旅游市场上，有些旅行社推出无购物的“纯玩团”，这是否意味着购物已经不是旅游的一项需求？你如何看待这一现象？

三、实训题

请以某旅游景区(点)的特色旅游商品为对象，录制 5 分钟左右的旅游商品讲解视频。

实训要求：编写讲解词；在虚拟场景或旅游景区(点)现场进行导购服务模拟训练；录制视频。

任务 15 答案

【项目小结】

任务名称	知识目标、技能目标、素质目标
景区游览路线设计服务	能够复述景区游览路线的设计原则和设计方法 能够按照设计原则设计简单的游览路线 具备团队合作能力、工具书使用能力、查阅资料及资料处理能力、文字编写与文案处理能力
致欢迎词和致欢送词服务	能够复述欢迎词、欢送词的基本内容和具体要求 学会致欢迎词和致欢送词 具备“游客至上”的服务意识、“礼貌待客”的优秀品质、“热情诚挚”的服务态度

续表

任务名称	知识目标、技能目标、素质目标
概况讲解服务	能够复述概况讲解的基本要求和主要内容 能为游客提供概况讲解服务 具备"游客至上"的服务意识、"礼貌待客"的优秀品质、"热情诚挚"的服务态度
沿途讲解服务	能够复述沿途讲解的特点、内容、要求和基本方法等知识 学会沿途讲解技能，完成沿途讲解服务 具备"游客至上"的服务意识、"礼貌待客"的优秀品质、"热情诚挚"的服务态度
不同类型景区(点)的讲解服务	熟悉各种类型景区(点)的特点及讲解重点；掌握必要的讲解技巧 能够合理规划参观路线，发掘讲解亮点，完成不同类型景区(点)的讲解任务 提高语言表达能力、沟通能力、组织协调能力、应变能力
景区(点)导购服务	学会景区(点)导购服务的相关知识 能灵活运用基本的旅游商品销售技巧；能为游客介绍景区(点)特色旅游商品及当地特产；能辨识旅游商品质量，并向游客提出有价值的参考意见 提高语言表达能力、组织能力、观察能力、团队合作能力

主要参考文献

1. 周凯波．景区解说服务．北京：中国旅游出版社，2017.
2. 何波等．景点导游实务．重庆：重庆大学出版社，2016.
3. 张凌云．旅游景区景点管理．北京：旅游教育出版社，2003.
4. 杜义芳．艺术心理学教程．昆明：云南人民出版社，1990.
5. 张颂．中国播音学．北京：北京广播学院出版社，2003.
6. 伍蠡甫．西方文论选(下卷). 上海：上海译文出版社，1979.
7. 叶家铮．传播学．郑州：河南美术出版社，1991.
8. 邵小慧等．导游服务实训．北京：北京师范大学出版社，2012.
9. 吴必虎．区域旅游规划原理．北京：中国旅游出版社，2001.
10. 佟瑞鹏．旅游景区事故应急管理与预案编制．北京：中国劳动社会保障出版社，2015.
11. 席建超．旅游景区安全管理．北京：旅游教育出版社，2015.
12. 王瑜．旅游景区服务与管理．沈阳：东北财经大学出版社，2009.
13. 国家旅游局．旅游景区安全管理实务．北京：中国旅游出版社，2012.
14. 本书编写组．旅游突发事件应急手册．北京：中国旅游出版社，2009.
15. 全国导游资格考试统编教材专家编写组．全国导游基础知识(第四版). 北京：中国旅游出版社，2019.
16. 中国旅游协会旅游教育分会．优秀导游词集锦(Ⅱ). 北京：旅游教育出版社，2018.
17. 内蒙古全国导游资格考试统编教材专家编写组．内蒙古现场导游考试指南及讲解范例．北京：中国旅游出版社，2017.
18. 张素梅．导游实务．北京：北京交通大学出版社，2010.
19. 吴贵明，王瑜．旅游景区安全案例分析．上海：上海财经大学出版社，2008.
20. 周国忠，牟丹．景区导游．天津：南开大学出版社，2008.
21. 国家旅游局．走遍中国——中国优秀导游词精选．北京：中国旅游出版社，1998.
22. 金受申．北京的传说．北京：北京出版社，2018.